Chez le même éditeur :

TOUS MEDIUMS DANS NOS REVES
Pierre de Saint-Amand & Jacques E. Deschamps
LA GUERISON AU BOUT DES DOIGTS
S. Benoit
LE HUITIEME SCEAU
R. Khaitzine
LE LIVRE PRATIQUE DE LA NUMEROLOGIE
G. Maulave

Dans la collection Lumières du Nouvel Age

MASSAGES MAGNETIQUES
Jacques E. Deschamps
L'AVEUGLE AUX YEUX DE CRISTAL
Jacques E. Deschamps
L'HUMAIN PLANETAIRE
Philippe Tournier
EVANGILE SELON JUDAS
Jean-Jacques Ortlieb

Serge Hutin *L'Immortalité Alchimique*
© 1991 Editions Montorgueil
21 rue Mademoiselle 75015 Paris
ISBN 2-87874-022-X

SERGE HUTIN

L'IMMORTALITE

ALCHIMIQUE

Montorgueil

INTRODUCTION

Parmi les tombes du calme cimetière d'un village de Camargue, j'étais tombé en arrêt devant cette si poignante et magnifique épitaphe[1], porteuse d'un perpétuel message pour nous tous : de quelle pauvre et chimérique étoffe est faite la vie humaine ! Le passé n'est qu'un spectre impalpable, le présent nous coule dans les mains comme de l'eau, l'avenir n'est qu'incertitude : nous n'avons que le souvenir et le rêve.

Mais, justement, "rêver" : serait-ce synonyme pur et simple d'illusion évanescente, de tromperie éphémère ? Ne pourrait-il pas y gîter au contraire la racine vivante du plus bel et formidable des espoirs libérateurs ?

Ce que nous offre l'imagination - cette maîtresse en fantasmagorie - ne pourrait-il pas transformer la réalité accessible, s'offrir à capter à notre profit le jeu cosmique des apparences ? D'où mon vieil intérêt passionné pour l'alchimie. Qu'est-elle donc, cette voie de tous les secrets ? n'apporterait-elle pas justement, à ceux qui sauraient en maîtriser l'héritage, l'ultime évasion - celle qui rendrait les humains capables de vaincre la mort elle même ?...

---

[1] Gravée sur la sépulture d'un jeune officier mort au combat en 1917.

CHAPITRE PREMIER
BUTS DE L'ALCHIMIE

La transmutation des métaux

Avant tout, interrogation initiale : de quoi s'agit-il ?

Prononcer le mot même alchimie, c'est d'abord évoquer tout de suite l'antique et fabuleux espoir démiurgique de changer le plomb en or. C'est le grand oeuvre (terme consacré) proprement dit.

Transformer le plomb en or : rêve fumeux ou réalité précise ? Il existe toute une impressionnante série de témoignages vécus qui nous relatent des transmutations d'un métal (le plomb le plus souvent, mais ce pourra être le mercure ou un autre encore) en argent ou en or. Certes, le plus grand nombre de tels récits - bien circonstanciés, cela va sans dire - proviennent des alchimistes eux-mêmes. Ne haussons pas trop vite les épaules, en nous écriant qu'il s'agirait donc immanquablement de témoignages charlatanesques ! On ne pourrait suspecter la bonne foi - l'exemple illustre entre tous - d'un Raymond Lulle (l'Eglise n'en fît-elle pas un bienheureux ?). Voici les mots mêmes dont il usait dans sa lettre au roi d'Angleterre au bénéfice duquel il avait "œuvré" :

Vous avez vu, Sire, la projection merveilleuse que j'ai faite à Londres avec l'eau de mercure que j'ai jeté sur le cristal dissous; je formai un diamant très fin dont vous fîtes faire de petites colonnes pour un tabernacle...

Mais il n'y a pas que ces récits de toute première main. Certains adeptes n'ont-ils pas, eux, accompli occasionnellement des transmutations devant un ou plusieurs observateurs, lesquels n'étaient nullement alchimistes et même volontiers incrédules en la matière ? Il y a, cas significatif, un témoignage de l'aventurier de haut vol Casanova. Dans ses fameux Mémoires, il relatera comment le Comte de Saint-Germain lui transformera en or une modeste pièce de douze sols : "il mit dessus un petit grain noir, plaça la pièce sur le charbon qu'il souffla avec un chalumeau de verre et en moins de deux minutes, je la vis incandescente; Attendez, me dit alors l'alchimiste, qu'elle soit refroidie. Ce fut fait en une minute. Prenez-la, ajouta-t-il, et emportez-la, car elle vous appartient. Je la pris. Elle était d'or".

Inutile de préciser que le personnage rencontré par Casanova était le véritable Saint-Germain, historique visiteur familier aux petits appartements de la Pompadour et de Louis xv, et que le playboy - ancien mari de la chanteuse Dalida - qui avait défrayé la chronique parisienne au tout début des années 70 avait fort peu de chance de s'y identifier, malgré ses indéniables connaissances en matière de traditions et de sciences occultes. sa triste fin, un lamentable suicide, révèlerait à elle seule qu'il ne pouvait absolument pas s'agir du "Maitre de Transylvanie".

Signalons cependant, et beaucoup s'en souviendront sans doute, d'une spectaculaire démonstration accomplie par le personnage qui, en 1971, changea en or un fil de plomb devant les caméras de la télévision française. Geste spectaculaire mais sans valeur de preuve irréfutable : lorsque nous voyons au music-hall un grand illusionniste nous faire apparaître des fantômes, escamoter quelqu'un ou découper une femme à la scie circulaire, ce que nous voyons nous semblera d'une vérité hallucinante; alors que, nous le savons bien, il y a un truc (pour parler familièrement).

Le seul fait de procéder en public à une démonstration semblerait à priori suspect, et bien que le phénomène ait pu épisodiquement constituer une réalisation tolérée, voire suscitée de la part des véritables adeptes[1]. C'est ainsi que (la coutume vient de l'époque où l'Ordre s'était développé en Allemagne) l'Impérator (chef suprême) de la Rose-Croix Amorc[2] détient de par sa charge ce privilège spectaculaire : procéder, mais une seule fois dans sa vie (ce sera d'ordinaire peu après son intronisation rituelle), à une démonstration publique de transmutation du plomb en or.

La règle traditionnelle scrupuleusement suivie par les alchimistes veut au contraire qu'une transmutation métallique ne soit d'ordinaire réalisée qu'au strict secret du laboratoire, à l'abri de tout regard indiscret. Mais compte tenu des cas épisodiques - mais bien réels - de projections réalisées devant témoins. Il y aura même des cas - l'aventure survint, au 17ème siècle, à un illustre médecin, Schweitzer (plus connu sous la forme latinisée Helvetius, "le Suisse")[3] - où l'alchimiste remettrait à

---

[1] Et cela vaut même au niveau de la petite prestidigitation : on voit vraiment des pièces de monnaie tomber des cheveux, du nez, des oreilles d'un spectateur!

[2] Siège suprême à San Jose, en Californie. Siège pour la France : Chateau d'Omonville-le Tremblay - 27110 Le Neubourg

[3] Ce sera l'aïeul du célèbre philosophe matérialiste du 18ème siècle.

quelqu'un[1] une petite provision de poudre de projection, grâce à laquelle ce quidam pourrait bel et bien réaliser des transmutations, en argent (par la poudre blanche) ou en or (à l'aide de la fameuse poudre rouge)[2]. Mais ce pouvoir si généreusement concédé ne durerait que le temps de subsistance de la dite poudre : celle-ci une fois épuisée, le bénéficiaire se trouverait bien embarrassé, et pour cause, à moins de réussir lui-même à fabriquer une nouvelle provision.

on pourrait aussi citer certains cas d'une détention imméritée de cette fameuse poudre de projection.

Il y a l'exemple célèbre d'Edouard Kelly, futur acolyte et compagnon de l'alchimiste et magicien John Dee. Ce Kelly, de son vrai nom Talbot, avait commencé sa carrière sous de bien funeste augures : notaire véreux, il avait été condamné pour ce fait au supplice infâmant d'avoir les deux oreilles coupées. Un soir qu'il se trouvait (cela se déroulait peu après le règne de Henri VIII d'Angleterre) en train de dîner dans une auberge rurale du Pays de Galles, une chance fabuleuse se présenta. L'aubergiste lui proposa d'acheter quelque chose, sans valeur marchande mais très curieux. Des pillards, dans l'espoir de déterrer l'énorme trésor qu'y plaçait la rumeur populaire, avaient profané le sépulcre médiéval d'un évêque catholique. Au lieu et place du magot espéré, ils avaient dû se contenter d'un fort maigre butin - qu'ils avaient fini par vendre pour une somme

---

[1] Et volontiers une simple rencontre de voyage, non connue auparavant.

[2] On aura remarqué, dans le récit de Casanova, l'étrange dissonnance : le Comte de Saint-Germain aurait utilisé un grain noir.

dérisoire à l'aubergiste local, réputé s'intéresser aux vieilles curiosités : un manuscrit, en latin, rédigé sur un parchemin, et deux boules d'ivoire qui, ouvertes, s'étaient révélées contenir l'une une provision de poudre blanche (demeurée intacte) et l'autre une de couleur rougeâtre (il n'en subsistait hélas qu'une partie, le reste avait été jeté lors du fracturage de l'objet). Le client n'aura aucun mal à acquérir le tout contre une somme modeste, que l'aubergiste, ignorant tout de l'alchimie même par ouï-dire, se montrait fort heureux de récolter.

L'ancien tabellion, sachant le latin et fort curieux d'alchimie, s'était aperçu que le vieux manuscrit contenait bel et bien la description du procédé permettant de réaliser la transmutation métallique. Quant à la poudre blanche, c'était le premier stade de la <u>poudre de projection</u>, elle donnait le moyen de transformer le métal vil en argent. La poudre rouge, elle, s'avérait capable de concrétiser l'étage dernière : la resplendissante transmutation du plomb en le plus parfait des métaux l'or. Malheureusement, il ne subsistait qu'une assez faible partie de la provision de cette dernière poudre. Kelly saura certes s'en servir pour réaliser des transmutations en or. Ayant acquis ainsi une notable célébrité alchimique, il accompagnera triomphalement son ami John Dee à Prague, où ils obtiendront la haute protection de l'empereur Rodolphe 2 de Habsbourg. Malheureusement, une fois épuisée sa provision de poudre, Kelly se révélera incapable de réaliser d'autres transmutations métalliques dans le laboratoire si généreusement alloué par la faveur impériale. Malgré ses inlassables efforts, il ne parvenait toujours pas à mettre en action le secret décrit en détail dans le manuscrit de l'évêque. Du coup, la faveur impériale lui fera défaut. Cela lui vaudra de connaître la prison, d'où il s'efforcera en vain de s'évader[1] ...

Monsieur de Buffon, en plein "siècle des lumières", croira encore - tout en se montrant d'un méfiant scepticisme vis à vis des fabuleux espoirs de l'alchimie - à une éventuelle possibilité, qui sait ? de frabriquer artificiellement de l'or. Il écrivait : "Notre plus grand chef d'œuvre (chimique) serait en effet d'augmenter la densité de la matière, au point de lui donner la pesanteur de ce métal (l'or); <u>peut-être ce chef d'œuvre n'est-il pas impossible, et peut-être même y est-on parvenu</u>[2] ; car, dans le grand nombre des faits exagérés ou faux, qui nous ont été transmis au sujet du <u>grand œuvre</u>, il y en quelques-uns dont il me paraît assez difficile de douter[3] ..."

Mais, tout à la fin du 18ème siècle, Lavoisier semblera porter le coup mortel à l'alchimie minérale : la caractéristique même de tout corps simple n'impliquerait-elle pas du même coup sa nature strictement invariable, l'imposibilité totale d'en transformer la structure ?

Avec ce fixisme intangible des espèces minérales, tout espoir de changer un métal en un autre ne se révélait-il donc pas irrémédiable chimère au départ même de la tentative ? Rêver de transformer un corps minéral simple en un autre, ne serait-ce pas

---

[1] Toute l'histoire se trouve relatée dans l'extraordinaire chef d'œuvre de Gustav Meyrink, <u>L'ange à la fenêtre d'Occident</u> (traduction française : Paris, La Colombe, 1964).

[2] C'est nous qui soulignons.

[3] <u>Histoire naturelle des minéraux</u> (édition de 1784), tome IV, p. 270.

tout aussi absurde que d'espérer changer une espèce animale ou végétale en une autre ?

On sait ce qui devait découler de la découverte ultérieure de la radioactivité : l'effective de possibilité de constater bel et bien d'authentiques transmutations d'un corps simple en un autre - l'observation tout d'abord de phénomènes naturels, puis bientôt la possibilité d'opérer artificiellement des transmutations. N'était-ce pas, somme toute, réhabiliter le fabuleux espoir des alchimistes ? D'où véritable consécration posthume - mais qui, sauf chez certains grands savants[1], n'équivalait qu'à une sorte de coup de chapeau rétrospectif. L'opinion prévalente chez les physiciens nucléaires consistera donc à considérer volontiers les alchimistes comme les précurseurs théoriques, méritants certes, du fondement même de l'édifice : l'unité fondamentale de la matière, avec possibilité des passages d'un corps simple à l'autre (ce qui était absurde dans les perspectives fixistes de Lavoisier). Mais leur prescience était, ne pourrait jamais n'être que purement spéculative. Autrement dit : les alchimistes voyaient certes juste, mais se trouvaient incapables de passer à une réalisation pratique de leur fabuleux espoir. Les alchimistes n'avaient nulle possibilité de parvenir à changer plomb ou mercure en argent ou en or. Pourquoi donc ? Tout simplement parce qu'ils se trouvaient incapables de disposer d'une source d'énergie suffissamment intense pour leur permettre de parvenir à désintégrer la matière. Les actuels centres nucléaires peuvent, eux, réaliser bel et bien les transmutations. Si on y effectue des transformations tout autres que celles dont rêvaient tant les

---

[1] On ignore volontiers que Pierre Curie lui-même s'intéressait à l'alchimie minérale, au point de s'essayer au creuset.

alchimistes, ce n'est pas parce que celles-ci se révèleraient impossibles. Tout simplement, changer du plomb en or serait dénué de tout intérêt : pour transformer quelques grammes de ce métal "vil", il faudrait mettre en action une énergie colossale, extrêment coûteuse. Quelques grammes seulement de cet or artificiel coûteraient des centaines de millions de centimes, énormément plus cher donc que le métal précieux extrait dans les mines. Au surplus, cet or serait un isotope radioactif fort dangereux à travailler et qui se trouverait donc inutilisable pour les usages normaux du précieux métal.

N'est-ce point pourtant conclure un peu trop vite d'affirmer que les alchimistes du passé ne pouvaient pas, et pour cause, réaliser d'authentiques transmutations ? On dit volontiers que, lorsqu'il s'agissait non de fraudes manifestes mais de témoignages de personnages d'évidente bonne foi, que l'erreur s'avérait facile, qu'aux époques où l'on ne connaissait pas encore les méthodes vraiment très rigoureuses pour l'analyse des composés métalliques, l'opérateur pouvait effectivement constater dans son creuset ou sa cornue des phénomènes ressemblant à l'apparition subite de l'or : mais cela n'était qu'un faux-semblant, ou résultait du fait qu'à l'insu de l'adepte l'or se trouvait exister déjà, mais non encore extériorisé, au sein du mélange minéral traité.

Cela vaudrait pourtant la peine, n'hésitons-nous pas à dire, de se pencher de près sur ces bien étranges monnaies et médailles - gravées de symboles hermétiques - qui existent dans diverses collections, en Allemagne et en Autriche tout spécialement, et qui auraient été frappées avec du métal précieux produit artificiellement. Ce ne sont pas des objets mythiques : elles existent bel et bien[1].

Au printemps 1971, lors d'une réception intime donnée chez un riche collectionneur parisien (dont nous n'avons malheureusement pas le droit de révéler l'identité), nous avions pu tenir en main une jolie statuette[2] à lui - vendue par un antiquaire parisien comme étant faite "d'or alchimique" - de l'apôtre Saint-Jacques le Majeur, ce patron illustre des alchimistes chrétiens. Sous le socle se trouvait gravé un huit renversé, ce symbole mathématique de l'infini, pour concrétiser le fait que, tout au moins en principe, la pierre philosophale permettrait de réaliser <u>à l'infini</u> des transmutations en métal précieux, la proportion ainsi traitée pouvant même se multiplier en proportion géométrique. La dite statuette était d'une lourdeur extrême, et l'on voit tout de suite une objection très facile que ne manquerait pas d'élever le sceptique : tout bonnement l'objet, en plomb, se trouvait recouvert d'une fort mince couche d'or ! Pourtant, contrairement à ce qui semblerait aller de soi, l'or est ... beaucoup plus lourd que le plomb. L'impression contraire vient du fait que, si se rencontre assez souvent le plomb en grandes masses, les objets en or massif sont généralement - sauf cas exceptionnels et célèbres - des pièces de volume plutôt modeste, en raison même de la rareté du précieux métal. Et

---

[1] On en trouvera un grand nombre photographiées dans le volume de G.F. Hartlaub : <u>Der Stein des Weisen</u> ("La Pierre des Sages"). Munich, 1959.
[2] D'une hauteur d'environ 20/25 centimètres.

justement, la dite statuette eut été nettement moins pesante si elle avait été formée principalement de plomb ![1]

A propos d'or artificiel, il est une remarque facile à faire : s'enrichir par l'obtention d'or alchimique en quantité notable poserait, outre le problème de sa fabrication, celui de son écoulement éventuel. En effet, tout lingot présenté pour l'achat commercial doit comporter ce qu'on appelle un <u>poinçon</u>, c'est-à-dire une marque officielle attestant le taux de pureté du métal précieux. Car, nous allons le voir dans un instant, l'or communément utilisé n'est jamais en fait d'une pureté absolue. Si quelqu'un présente un lingot d'or (et ce serait pire encore avec une masse métallique mal travaillée ou présentée en vrac), l'acheteur - professionnel ou privé - se montrera tout de suite très méfiant, soupçonnera qu'il pourrait s'agir d'une fonte clandestine de bijoux volés, ce qui risquerait de lui causer des ennuis avec la police. Et l'alchimiste en serait donc réduit à s'adresser à un circuit disons parallèle, celui des receleurs, où l'on ne peut évidemment se permettre de porter plainte contre la modicité des sommes offertres.

L'or naturel, extrait des mines ou trouvé sous forme de pépites et paillettes plus ou moins importantes, ne se trouve que fort rarement dans son état de totale pureté minérale. D'où le

---

[1] Il est d'ailleurs bien connu que, si un bijou d'or massif est d'ordinaire plutôt léger, un lingot est, lui, extrêmement lourd. En 1970 n'y aura-t-il pas, dans une banque de Nice, ce phénomème ahurissant : un coffre-fort s'effondrant sous le poids des lingots d'or, que son propriétaire n'avait cessé d'y entasser au fil des ans ?

fameux <u>poinçon,</u> garantissant le degré de pureté métallique spécifié par la loi - et qui pourra d'ailleurs varier suivant les pays. L'or totalement pur, l'or <u>natif</u>, est extrêmement rare dans la nature. Lorsqu'il se rencontre en quantité notable, c'est quelque chose de tout-à-fait exceptionnel, et ayant alimenté maints récits merveilleux. C'est ainsi que l'historien grec Ctesias plaçait das l'Inde une fontaine fantastique qui, chaque année, se remplissait d'or liquide resplendissant.

Justement, l'or alchimique se présenterait dans un état de pureté minérale totale, semblable à celle de l'or natif - et le fait de se présenter en quantités notables éveillerait tout de suite des curiosités intempestives.

Il faudrait tracer une ligne de démarcation entre les véritables transmutations alchimiques, pouvant se réaliser théoriquement sur une échelle vertigineuse (transformer dix foix, cent fois, mille fois, bien davantage encore... le poids initial de métal traité, qui pourrait être <u>multiplié</u> indéfiniment) et des réussites se situant, elles, à un niveau incomparablement plus modeste : de l'ordre de quelques grammes seulement. A ce degré, on se trouverait non pas dans l'alchimie traditionnelle proprement dite mais dans une discipline, dérivée du tronc d'origine, mais ne faisant qu'en appliquer des lois particulières : celui de l'<u>archimie</u> ou <u>hyperchimie</u>; celui aussi d'une éventuelle utilisation transmutatoire de la <u>spagyrie</u>, ce domaine principalement médical certes, mais issu de l'alchimie.

Revenons à l'objection si couramment faite aux transmutations alchimiques : celle de s'appuyer sur une base théorique tout-à-fait valable (celle de l'unité fondamentale de la matière, que symbolisait le vieil adage latin <u>omnia in unum</u>) mais de constituer - aux époques où on la tentait - une totale impossibilité pratique. On pourrait néanmoins tenter d'y répondre de diverses manières.

Tout d'abord, le fait pour les alchimistes d'avoir bel et bien disposé, quoi qu'on en ait pu dire, de sources considérables d'énergie, nous l'envisagerons au cours du présent chapitre, à propos du déroulement des opérations jalonnant les étapes du grand œuvre minéral.

On pourrait songer aussi - et cela serait dans la stricte perspective de l'alchimie traditionnelle, qui oppose volontiers ses transmutations (lesquelles respecteront les rythmes mêmes, les cycles de la nature) à l'"œuvre de mort" - l'expression si frappante utilisée par Fulcanelli et son disciple Eugène Canseliet - qui, en physique nucléaire, consite à bombarder le noyau de l'atome et à dissocier ses composantes.

Vers 1960, le savant français C.L. Kerran mettait en évidence l'existence de processus transmutatoires naturels au sein des organismes vivants. Tout se passe comme si, dans ceux-ci, pouvait se produire la transformation d'un corps chimique en un autre - d'une manière strictement paradoxale mais naturelle, sans la moindre intervention de processus violents. Voici un exemple significatif : lorsqu'il va muer, un crabe tourteau devrait disposer, pour renouveler complètement sa carapace, d'environ 350 grammes d'un composé à base calcaire prédominante. D'où proviendra donc tout cet apport de calcaire, vraiment très rapide puisque l'organisme du crabe ne renfermait encore, peu avant la mue, qu'une très faible quantité de calcaire ?

Il s'est donc opéré un processus de transmutation catalytique, suscitant l'apport subit de cette composante d'abord inexistante[1].

On pourrait se poser également le problème d'une connaissance précise - nous aurons à en tenir compte - du rôle que le magnétisme terrestre serait susceptible d'y exercer sur la vie.

De toute manière, il nous semble bien simpliste d'imaginer que les si bons observateurs qu'étaient les anciens alchimistes aient pu se laisser aller à prendre pour réelles métamorphoses métalliques des transformations totalement superficielles et illusoires, toutes en surface. Les textes dans lesquelles il relatent leurs travaux frappent par leur pertinence. Voici, un exemple significatif, une expression du Philalèthe[2] - cet alchimiste qui fut l'ami personnel d'Isaac Newton et dont l'identité n'a pu encore être percée à ce jour - dans son traité le plus célèbre, au titre significatif[3] : "Ce ne sont point des Fables, ce sont des Expériences réelles, que j'ai vues....". Bons observateurs, scrupuleux expérimentateurs, les alchimistes le furent toujours; comme l'atteste le fait - si volontiers rappelé par tous les historiens de sciences - de leur parfaite connaissance d'une série impressionnante de corps chimiques très importants. Ce serait d'ailleurs, plus généralement, totale erreur de prétendre minimiser les réels dons d'observation de nos ancêtres, même

---

[1] C.L. Kervan, <u>Transmutations naturelles non radio-actives</u> (Editions Maloine).
[2] Ce pseudonyme, tiré du grec, signifie : "Amateur de la Vérité", "Ami de la Vérité".
[3] <u>L'Entrée ouverte au palais fermé du Roi.</u>

d'il y a fort longtemps. Certains prodiges signalés par les auteurs antiques n'avaient rien de mirages fabuleux. Lorsque, par exemple, Pline l'Ancien parlait d'une pierre merveilleuse, qui s'éteint dans le feu mais s'enflamme dès qu'on la plonge dans l'eau, il s'agissait évidemment du sodium. Et c'est ainsi que s'expliquait fort bien l'apparent prodige de l'antique autel de Venus érigé au sommet du mont Eryx, en Sicile : une flamme perpétuelle y brûlait jour et nuit, sans nécessité de l'entretenir, même sous la pluie. Des faits analogues existent en fait un peut partout dans le monde[1].

Nous évoquions plus haut le constant souci des alchimistes de respecter les cycles naturels normaux, qu'il ne s'agirait donc que d'accélérer au besoin. D'où cette remarque de Carles et Granger, à propos du traité Speculum Alchemiae[2], du moine Roger Bacon : "L'opération de transmutation est longue et laborieuse. Il s'agit, en quelque sorte, d'un raffinage interne qui, dans les mines, se fait lentement pendant des siècles , le plus naturellement du monde, et que l'adepte réussit à produire dans un intervalle de temps raisonnable grâce à une poudre de projection, c'est-à-dire grâce à ce que nous appellerions, aujourd'hui, un catalyseur (...) toujours selon Bacon, la poudre permet de récupérer l'or qui est potentiellement présent dans

---

[1] Il y a par exemple la fameuse fontaine du diable, au Québec, près des forges de Saint-Maurice : il s'agit de petites flammes qui, à intervalles réguliers, surgissent du sol d'une source et montent à sa surface, sans être éteintes par l'eau.
[2] "Miroir d'Alchimie"

chaque métal mais dans lequel il est souillé par des impuretés en plus ou moins grande quantité[1]".

Il existerait pourtant un raccourci périlleux : la fameuse <u>voie sèche</u>[2].

Revenons au respect des cycles naturels par d'adepte. Jolivet-Castelot, l'"hyperchimiste" de Douai, l'exprimait fort bien lorsqu'il constatait :

"L'alchimie s'applique avant tout à sentir et à concevoir la vie intime de la matière en s'efforçant de découvrir la vie intime de celle-ci, en cherchant à trouver la loi universelle qui relie la matière au grand œuvre cosmologique".

Il faudrait tendre aussi, pour espérer vraiment comprendre l'alchimie traditionnelle, à n'y pas voir une sorte d'anticipation directe, <u>mutatis mutandis</u>, de la technique moderne. Les perspectives, tant théoriques que pratiques, se révèleraient radicalement différentes. Les théories alchimiques, lorsqu'elles prétendent expliquer la formation des minéraux en général et celle des métaux en particulier à partir d'une matière première, assimilent ce processus à celui d'une génération biologique : il s'agirait d'un processus tout-à-fait comparable à la croissance du fœtus dans la matrice maternelle. Ne s'agirait-il pas, pour l'adepte, de découvrir - il existe, de même que celui de toute vie animale ou végétale - <u>le sperme minéral</u>, semence des métaux ? Ainsi s'expliquerait, dans cette perspective analogique, cette injonction étrange qui figurait dans les status (révélés par un document de Breslau, 1714) de la société secrète alchimique

---

[1] J. Carles et M. Granger, <u>L'alchimie superscience extra-terrestre</u>, (Paris Albin Michel, 1973), p.123.
[2] Voir plus loin

allemande des Rose-Croix d'or : Il est défendu de donner la pierre (celle des philosophes) à une femme enceinte, sinon elle accoucherait immédiatement[1].

Capitale aussi, dans la philosophie hermétique, la distinction de trois grands principes, entre lesquels se répartissent tous les corps minéraux de la nature : le Soufre, le Mercure et le Sel. Il ne faudrait surtout pas les confondre avec les corps de ce nom : lorsque des majuscules sont employées, il s'agira toujours de ces trois principes attachés à certaines propriétés générales de la matière. C'est ainsi que le Soufre, principe masculin, connotera les propriétés actives, masculines : action, corrosion, destruction, domination. Le Mercure au contraire, principe féminin, caractérisera les qualités de malléabilité, de fusibilité, etc... Quant au Sel, le troisième terme du ternaire (pouvant être symbolisé par un prêtre célébrant l'union entre les deux polarités, opposées mais complémentaires l'une de l'autre), il correspondrait à la force d'affinité ou d'interaction entre les corps.

De telles distinctions sembleraient bien étrangères aux classifications actuellement en usage dans les perspectives scientifiques sur la matière. Pourtant, Jacques Sadoul n'hésite pas à faire le rapprochement entre les trois principes alchimiques traditionnels (le Soufre, le Mercure et le Sel) et les quarks[2] de la physique nucléaire - respectivement appelés SU (3), SU (6), U (12) - qui seraient les trois modes d'arrangements symétriques, entre lesquels s'organise toute la réalité sensible. Sadoul racontait

---
[1] article 19.
[2] Découverts en 1957 par T.D. Lee, Prix Nobel de physique.

même : "J'ai eu l'occasion de parler des <u>quarks</u> avec un jeune physicien et je lui ai demandé : <u>Pourquoi leur donner ces dénomisations abstraites</u> (....), <u>alors qu'il est si simple de les appeler par leurs noms traditionnels, soit Soufre, Sel et Mercure des philosophes</u> (des alchimistes) ?

Contrairement à mon attente, il ne s'est pas indigné et a seulement répondu : <u>Après tout, ce n'est pas impossible</u>[1] ".

N'est-il pas significatif aussi de voir les alchimistes avoir eu l'exacte préfiguration des cycles naturels de la radioactivité ? C'est ainsi que le règne métallique se trouvait réparti par eux entre deux extrêmes, constitués par le plomb - stade le plus inférieur, "vil" - et l'or - le plus parfait des métaux; les autres métaux jalonnaient les étapes intermédiaires de la croissance minérale. Mais comment avait-on pu voir apparaître dans la nature les métaux inférieurs ? En raison d'une décadence, véritable "chute" minérale, à partir de l'or - cette perfection, ce "roi" des métaux. Les alchimistes savaient donc fort bien que les cycles naturels de radioactivité (pour faire la parallèle avec la physique nucléaire) fonctionnent en réciprocité.

Signalons - elle allait tout-à-fait dans ce sens - la curieuse mésaventure un jour à Robert Boyle, l'ami et maître de Newton, féru d'alchimie comme ce dernier. Il constatera les propriétés d'un <u>anti-élixir</u> qui, comme son titre paradoxal l'indiquait[2], avait

---

[1] <u>Le trésor des alchimistes</u>, réédition (J'ai lu, collection "L'Aventure mystérieuse") p. 63.
[2] Boyle présentera une communication sur cette si étrange observation devant la <u>Société royale</u> des sciences.

eur pour effet de réaliser l'inverse d'une transmutation alchimique : elle avait bel et bien transformé de l'or en plomb !

Au sujet de la fameuse poudre de projection, pour reparler de celle-ci, l'adepte contemporain Fulcanelli - dont nous chercherons, plus loin, à percer l'identité réelle - précisait "Si l'on allie la Médecine universelle, solide, ave l'or ou l'argent très purs par fusion directe, on obtient la Poudre de projection, troisième forme de la pierre. C'est une masse translucide, rouge ou blanche selon le métal choisi (respectivement : l'or ou l'argent), pulvérisable, propre seulement à la transmutation métallique. Orientée, déterminée et spécifiée au règne minéral, elle est inutile et sans action sur les deux autres règnes[1]. "C'est donc - nous aurons à le constater - la Médecine universelle, aux merveilleuses propriétés biologiques, qui surgirait en premier dans la victoire alchimique[2].

Pour ce qui concerne la fameuse poudre de projection, les témoignages ne manquent pas, bien au contraire[3].

On comprend que bien des êtres se soient vus fascinés, possédés, littéralement ensorcelés par l'espoir fabuleux et fulminant de conquérir un beau jour la richesse totale, prodigieuse, inépuisable !

---

[1] Les demeures philosophales (réédition chez Jean-Jacques Pauvert, 1964), tome I, p. 183.
[2] Cf. l'article 36 des status de Breslau des Frères de la Tose-Croix d'or : le frère qui voyage doit porter sur lui la pierre en poudre, non en teinture, enfermée dans une boite en métal...
[3] Voir plus bas, au chapitre II.

Mais était-ce là le fait des véritables alchimistes ? Ce qui les différenciait des <u>souffleurs</u>[1], ces empiriques cherchant désespérément à retrouver le grand secret, n'était-ce pas justement leur réel détachement par rapport à la fascination d'immenses richesses ?

Est-ce à dire que les cas d'alchimistes ayant bel et bien manipulé une prodigieuse fortune en vertu de leur réussite glorieuse du grand œuvre métallique soient du domaine des récits légendaires trop merveilleux ? Il existe pourtant des cas dûment authentifiés. Le fameux Comte de Saint-Germain vivait avec un fabuleux train de vie de grand seigneur, sans que jamais personne n'aie pu découvrir l'origine de ses ressources. Et, au 15ème siècle, il y eut l'exemplaire réussite de Nicolas Flamel. Comment ce petit écrivain public et enlumineur put-il donc, du jour au lendemain, doter généreusement les fondations charitables de la capitale du royaume et se payer, en outre, le luxe de faire reconstruire à ses frais l'église parisienne Saint-Jacques la Boucherie, point de départ du pélerinage à Compostelle ?

Précisons d'ailleurs, à ce propos, un fait amusant : tout à la fin du 18ème siècle, lorsque des promoteurs - pour user d'un terme anachronique - firent (pour récupérer le terrain et les matériaux) démolir l'église nouvelle, celle rebâtie sur les plans de Flamel, ils épargnèrent le clocher, devenu l'actuelle Tour Saint-Jacques. Point du tout par respect architectural mais parce qu'il circulait depuis plusieurs siècles dans le quartier une légende

---

[1] Ainsi surnommées parce qu'ils usaient et abusaient du soufflet pour attiser leurs feux d'enfer.

populaire suivant laquelle l'alchimiste aurait caché sous le dit clocher une provision substantielle de poudre transmutatoire.

Mais le cas de Flamel semble assez exceptionnel : ce qui frappe l'historien, c'est bien plutôt - semble-t-il - le si petit nombre d'adeptes qui se soient évertués à profiter au maximum des immenses richesses matérielles théoriquement apportées par la réussite du grand œuvre.

Déroulement du grand Œuvre :

Un ensemble de secrets jalonne le déroulement méthodique des opérations du grand œuvre.

Premier secret et bien jalousement gardé : celui de l'identité de la matière première sur la laquelle travailler, à partir de laquelle on obtiendra la fameuse pierre des philosophes.

Apparemment, les auteurs semblent bien loin de s'accorder toujours entre eux (c'est le moins qu'on puisse dire) sur le choix du corps à partir duquel il s'agirait de commencer les travaux.

Pour la plupart, cette matière première serait obtenue à partir du règne minéral. Il y a les alchimistes suivant lesquels il s'agirait de réaliser les opérations en réussissant à unir les semences des deux natures métalliques respectivement contenues en l'or et l'argent. Vous avez ceux pour lesquels il faudrait partir de ce minerai d'alliage ayant l'exemplaire particularité de réunir en lui le soufre et le mercure vulgaires : le cinabre, cher aux alchimistes chinois. Il y a ceux pour lesquels il s'agirait de partir d'un minerai sulfureux comme la stibine, ou encore de cette pierre si chère aux premiers sansfilistes : la galène...

Selon d'autres, il s'agirait de partir d'une matière empruntée au règne animal, au règne végétal ou à une combinaison de ceux-ci.

Il faudrait ainsi, pour Armand Barbault[1], partir de la dite symbiose.

Suivant notre ami franc-comtois Pierre Cailleteau, la matière première ne serait autre que la galle du chêne, excroissance parasitaire (causée par la piqure d'un petit insecte parasite qui y pond ses œufs, et d'où se nourrira la larve) se développant sur le tronc ou les branches du noble arbre. D'après Cailleteau, cette galle du chêne combinerait en elle les trois règnes : formation de consistance solide, elle s'intègre à un végétal et tout en étant destinée à nourrir un animal.

D'autres passages orienteraient l'attention vers le nostoc, sorte de gelée végétale (c'est une algue bleue, surnommée familièrement "crachat de lune") que l'on rencontre parfois par terre, en masse gélatineuse, après une pluie diluvienne nocturne. Voici ce qu'en disait Fulcanelli : "Nous passerons vite sur les noms multiples aplliqués au nostoc et qui, dans l'esprit des maîtres (en alchimie), ne désigneraient que leur principe minéral, selon qu'ils le ragardaient comme réceptacle de l'esprit universel ou comme matière terrestre exhalée du centre à l'état de vapeur, puis coagulée par refroidissement au contact de l'air[2]".

---

[1] L'or du millième matin (Publications premières, 1961, réédité chez J'ai lu, collection "L'Aventure mystérieuse",) 1972.
[2] Le mystère des cathédrales (réédition chez Jean-Jacques Pauvert, Paris, 1964), p.171.

Dans la littérature alchimique, il est très fréquemment parlé de la rosée. N'existe-t-il pas, parmi les traités les plus célèbres, celui d'Arnauld de Villeneuve intitulé <u>Le Rosier des philosophes</u> ? Sur l'une des planches du <u>Mutus Liber</u>, ce fameux "Livre muet", on voit l'alchimiste et sa compagne recueillir la rosée sur un grand drap. Pas n'importe laquelle : uniquement la rosée de mai. C'est au printemps seulement qu'elle se recueillera, condensée sous forme de gouttes perlées. "Dès l'aurore, alors que la température est encore basse, on peut voir l'humidité du sol ressortir et monter le long des brins d'herbe pour former de leurs extrémités de merveilleuses gouttes de rosée qui, au lever du soleil, vont s'évaporer pour former une nappe de brouillard[1]. "La récolte quotidienne faite à l'aube pourra être abondante : jusqu'à plusieurs litres quotidiens.

Cette rosée printanière est d'un vert translucide. "On dit, écrivait Claude d'Yge[2], que la <u>Table</u> (la fameuse <u>Table d'Emeraude</u> d'Hermès Trimégiste, que nous rencontrerons tout-à-l'heure) est verte (couleur de la dite pierre précieuse) ainsi que la rosée du printemps appelée pour cette raison <u>Emeraude des Philosophes</u>".

Mais la rosée ne constitue pourtant pas une composante primaire de la matière première du grand œuvre : c'est bien plutôt l'agent indispensable devant intervenir lors d'une phase décisive des travaux.

---

[1] Armand Barbault, <u>L'or du millième matin</u> (réédition J'ai Lu), p. 22.
[2] <u>Anthologie de la poésie hermétique</u> (réédition chez Dervy-Livres), préface.

Mais une autre question se pose : quand donc faire débuter les travaux du grand œuvre ?

Zozime de Panopolis, l'un des plus célèbres alchimistes de la période alexandrine[1], écrivait : <u>Le moment opportun, c'est celui de l'été, alors que le Soleil a une nature favorable pour l'opération</u>

Il est pourtant spécifié dans de nombreux traités classiques que les opérations devraient impérativement débuter à l'équinoxe de printemps. Nulle contradiction néanmoins. On peut fort bien concevoir, dans le cas d'un sage étalement des travaux, que ceux-ci, commencés en profitant des circonstances tant favorables apportées par le renouveau, se poursuivraient ensuite durant le temps de maturation des fruits de la terre, conduisant donc jusqu'à l'été.

Théoriquement, le grand œuvre pourrait certes être tenté à tout moment de l'année, mais les difficultés deviendraient presque insurmontables. N'est-ce donc pas dans les normes traditionnelles que d'<u>œuvrer</u> toujours en respectueux parallélisme analogique par rapport au cycle même du renouveau dans la Nature ?

Chacun aura pu remarquer l'étrange rôle joué en alchimie par les songes. Parmi les plus célèbres, relatés en détail par ceux qui les vécurent, il y aurait celui de Nicolas Flamel : avant de découvrir effectivement l'énigmatique <u>Livre d'Abraham le juif</u>, ce manuscrit avait été vu en songe (un ange le lui apportait) par

---

[1] Voir au chapitre suivant

l'alchimiste. Mais il faudrait citer aussi le <u>Songe vert</u> de Bernard le Trevisan, ou encore l'allégorie qui ouvre le traité <u>Hermès dévoilé</u>, de l'alchimiste Cyliani (19ème siècle)[1].

S'agit-il d'un simple artifice de présentation symbolique de certains secrets particulièrement importants ? Absolument pas. Ecoutons d'ailleurs une confession de l'alchimiste moderne Armand Barbault : "Pour ma part, pendant une certaine période, je voyais chaque nuit en rêve un grand livre blanc que je parcourais page par page sans que je puisse me souvenir de ce que j'avais lu (...). Il faut cependant noter qu'une fois engagé dans les travaux d'Hermès, ce ne fut plus moi qui reçut ce genre de révélation, mais ma collaboratrice (...). Toujours est-il que dans ce domaine l'homme et la femme forment un tout et que l'Œuvre est bien le travail d'un être unique, les deux ne faisant plus qu'un[2]".

Nous devrons tenir compte de cet onirisme comme d'une composante capitale de l'imagerie alchimique vécue.

Dès lors qu'on prononce le mot fatidique <u>alchimie</u>, on pense tout de suite aux fourneaux hermétiques et au feu. Les alchimistes ne se qualifiaient-ils pas traditionnellement de <u>philosophes du feu</u> ?

Experts dans ce maniement savant du feu, source d'énergie et de chaleur, ce destructeur mais ce régénérateur aussi, les alchimistes l'étaient, ô combien ! Y compris, en dehors même

---

[1] Deux rééditions. L'une dans le volume de Bernard Husson, <u>Deux traités alchimiques du 19ème siècle</u> (Omnium littéraire (1963) - l'autre, séparément, aux Editions Traditionnelles.
[2] <u>L'or du millième matin</u>, p. 121.

de leur domaine spécifique, dans nombre de curieuses recettes pratique. C'est ainsi qu'un alchimiste byzantin, Marcus Graecus (son patronyme latin : "le Grec"), avait trouvé la formule du redoutable <u>feu grégois</u>, aux effets dévastateurs sur l'ennemi, mais qu'il donnait aussi celle[1] permettant de réaliser "une expérience admirable qui permet aux hommes d'aller dans le feu sans être blessés ou bien de porter du feu ou un fer chaud à la main [2]".

En alchimie, il est volontiers question d'un <u>feu qui ne brûle pas</u>, faisant rayonner des flammes brillantes, mais inoffensif pour l'opérateur.

Rendant visite au printemps 1968 à un alchimiste "œuvrant" dans le midi de la France, Roger Caro, nous eûmes la surprise de ne remarquer chez lui aucun fourneau. Comment obtenait-il donc la chaleur nécessaire à ses travaux ? Celle-ci se trouvait engendrée par l'intervention au moment opportun de tel ou tel acide, permettant l'élévation du mélange à la température souhaitée.

Pourtant l'immense majorité des adeptes - anciens ou modernes - utilisent un fourneau : leur fameux <u>athanor</u>[3] alchimique. Plutôt que le charbon, ils utiliseront bien plus volontiers soit le gaz soit le bois - ou bien encore[4] l'huile, la

---

[1] La voici : <u>suc de mauve double et blanc d'œuf, graine de persil et chaux</u>.

[2] <u>Des feux pour brûler les ennemis</u>, p. 28.

[3] Mot tiré de l'arabe, comme c'est fréquemment le cas dans l'alchimie occidentale.

[4] Procédé préconisé par Albert Poisson (<u>Théories et symboles des alchimistes</u>, Editions Traditionnelles).

température pouvant être à volonté intensifiée en augmentant le nombre des mèches qui trempent dans le liquide.

Quand on l'ignore (le feu), on ignore tout. Cette frappante formule de l'adepte Michel Maïer condense à merveille le fait qu'une maîtrise effective du feu secret[1], cette clef du travail de transformation de la matière première, constitue un secret opératif fondamental.

Ce qui complique encore le décryptage des textes pourra être la curieuse possibilité d'emploi du vocable feu pour désigner tout autre chose que le foyer visible qui chauffe l'athanor. Parfois, ce pourrait être un codage désignant le "cinquième élément", synthèse des quatre classiques : 'l'Ether ou Quintessence. Les alchimistes ne pourraient-ils avoir pressenti ce que la physique de pointe nomme plasma, ce qui mystérieux quatrième état de la matière ?

Dans leur travail opératif, les alchimistes savent capter et manier les forces éthériques et magnétiques, qui devront aller en s'intensifiant pour irradier la matière première.

Il est question, dans divers traités alchimiques, de l'aimant des sages. Et, sans nul doute, les adeptes possèderaient donc réelle maîtrise du magnétisme tellurique, s'appuyant sur la connaissance précise de ses lois secrètes. Celles qui régissent sa circulation au sein du globe, en accord avec le rythme régulier

---

[1] Dit aussi premier agent. Le second agent serait lui, le mercure philosophique, à ne pas confondre ni avec le mercure vulgaire ni avec le mercure principe féminin.

des marées comme avec sa circulation propre entre la surface et le centre de la terre.

Suivant une tradition qui n'est pas due au hasard, le grand œuvre deviendrait de plus en plus difficile à réaliser au fur et à mesure que l'on se rapporche de l'équateur terrestre. En revanche, il deviendrait d'accomplissement plus facile au fur et à mesure que l'on se rapprocherait du pôle magnétique. L'Islande ne compte-t-elle pas un grand alchimiste, Arne Sakhnussem, que la légende (reprise par Jules Verne dans son <u>Voyage au centre de la terre</u>) créditera d'un périple au cœur même de notre globe ?

Le règne minéral, dans les perspectives alchimiques, ne demeure pas du tout inerte : les minerais, les métaux ne se trouverait-ils pas dotés de vie ? La matière se trouverait étroitement liée aux forces universelles - invisibles dont le magnétisme - qui participent à la vie. Et nous citerons un passage significatif d'un traité[1] de Basile Valentin : <u>Toutes choses viennent d'une même semence, elles ont toutes été, à l'origine, enfantées par la même mère</u>. Laquelle ? La Nature personnifiée.

Il n'est pas du tout étrange, bien au contriaire, de constater le lien traditionnellement établi entre les prestigieux secrets de l'alchimie et ceux de l'astrologie. Citons un passage du manuscrit de Nicolas Valois[2] : "Sachez donc, ô mon fils (l'adepte s'adresse à son disciple), et le plus cher de mes enfants,

---

[1] <u>Le Char de Triomphe de l'antimoine</u>.
[2] Alchimiste normand du 15ème siècle qui "œuvra" avec deux de ses compatriotes : Nicolas de Grosparmy et le curé Pierre Vicot. Voir leur œuvres éditées dans la <u>Bibliotheca hermética</u> des Editions Retz.

que le Soleil, la Lune et les étoiles jettent perpétuellement leurs influences dans le sein de la Terre".

Il existe de rigoureuses correspondances analogiques entre les planètes, les métaux - et, aussi, les organes du corps humain. Un lien traidtionnel étroit se trouvera donc établi entre les configurations planétaires et stellaires d'une part, le déroulement des opérations du grand œuvre d'autre part - et en parfaite analogie avec les transformations subies en la personne de l'opérateur.

Revenons à l'objection si facile suivant laquelle les alchimistes ne pouvaient, dans le passé, disposer d'une énergie suffisante pour réaliser d'authentiques mutations dans la matière. Mais n'auraient-ils pu et su maîtriser les rayons cosmiques, dont les savants contemporains auront pu mettre en évidence la colossale puissance ? Ces rayons cosmiques, constitués pour la plupart de noyaux d'hydrogène ou d'éléments plus lourds générateurs d'une énergie très élevée, bombardent sans cesse la Terre depuis des millions d'années, se jouant à l'envi des distances et obstacles (ils traversent toutes les barrières matérielles).

A propos d'une statue mythologique du parc de Versailles, où l'on voit représenté <u>Ganymède projetant le principe igné par sa main en cupule</u>, Eugène Canseliet remarquait : "Ce feu secret est le soleil qui régit le petit monde des sages et qui évertue le second soleil caché au sein de la matière[1]".

---

[1] <u>Mythologie alchimique</u>, article dans le n° 286 de la revue <u>Atlantis</u> (30, rue de la Marseillaise - 94300 Vincennes).

Ne pourrait-on pas aller plus loin encore, et imaginer que des alchimistes aient pu connaître aussi le plus fantastique des secrets : parvenir à matérialiser, faire passer à l'acte des êtres constitués d'énergie pure ?

Parmi les qualidicatifs donnés jadis à l'alchimie, on trouvait celui-ci : <u>art de musique</u>. L'un des secrets opératifs déterminants, capitaux qui commandent la réussite du grand œuvre serait précisément celui-ci : l'intonation, le chant précis de certaines syllabes ou formules dotées d'un pouvoir d'agir sur la matière première, d'y susciter tel ou tel phénomène ou transformation déterminé. Dans le chapitre de <u>Notre-Dame de Paris</u> où le jeune Victor Hugo décrit le laboratoire d'alchimie aménagé par le diacre Claude Frollo en l'une des tours de Notre-Dame de Paris, l'écrivain faisait allusion à ce secret - et de source directe : le dit chapitre n'était nullement l'écho d'imaginations personnelles propres au romancier mais celui des longs entretiens qu'il avait eus avec un alchimiste parisien du début du siècle dernier, Cambriel[1].

Il existe des partitions alchimiques écrites sur parchemin qui utilisent le système de transcription en usage au 14ème et 15ème siècles. La musique pourra y être directement notée ou, ce qui complique davantage encore son déchiffrage, se présenter sous forme codée. Parfois, la partition comportera volontairement des fausses notes, destinées à servir de points de repère pour désigner des opérations cachées; mais, dans d'autres cas, l'air se trouvera ouvertement transcrit. Au printemps 1962,

---

[1] Le livre de celui-ci constitue le premier ouvrage des <u>Deux traités alchimqies</u> commentés par Bernard husson (Omnium littéraire. 1963).

lors d'une visite en groupe de l'hôtel particulier de Jacques Cœur (le célèbre financier, dont l'intérêt pour l'alchimie fut énorme), une idée nous était tout d'un coup venue lors du passage au second étage du bâtiment, occupé par l'immense grenier, mais séparé du nom moins immense pigeonnier par une cloison destinée à laisser passer les gracieux volatiles. Deux intuitions nous étaient venues, intimement liées l'une à l'autre. Ces ouvertures avaient exactement la forme carrée des notes sur les partitions de la fin du moyen-âge. Quant à leur disposition linéaire en apparent désordre, ne pouvait-ce pas être bel et bien en fait... une partition musicale, avec révélation précise d'une série sonore décisive ? Ne sachant pas déchiffrer de partition musicale, et moins encore une d'époque médiévale, nous étions donc bien en peine d'en avoir le cœur net. Pur hasard dû à une politique d'économies d'entretien - ou... volonté délibérée d'empêcher l'éventuelle divulgation du secret ? Quelques mois après, le second étage cessait d'être accessible aux visiteurs !

Dans certains traités alchimiqies, on trouve des partitions musicales utilisant la notation moderne. C'est le cas, par exemple, dans les Cantilènes pour la résurrection du Phénix[1] de l'alchimiste rosicrucien allemand Michel Maïer (début du 17ème siècle). Signalons qu'un historien britannique de l'alchimie, John Read[2], aura la curiosité de faire exécuter cette musique, où des chanteurs se trouvaient appuyés par les musiciens faisant usage des instruments à cordes de l'époque. Un disque à petit tirage sera même réalisé à cette occasion, en 1938.

---

[1] L'oiseau qui symbolise l'immortalité alchimique.
[2] Auteur, par exemple, du livre important Prélude to Chemistry, (traduction française chez Fayard, sous le titre De l'alchimie à la chimie).

Au cours de la poursuite des opérations du grand œuvre, des phénomènes sonores très précis se produisent. Les auteurs font état d'un cri, correspondant à la réussite d'une étape particulièrement décisive dans les transformations à observer.

On distinguait communément deux procédés de réalisation du grand ouvre minéral : la voie humide, supposant usage de l'aludel[1] ou œuf philosophique, c'est-à-dire du récipient présentant la forme allongée caractérisitique d'une cornue, et la voie sèche, c'est-à-dire le travail au creuset.

Pour ce qui concerne l'œuf philosophique, il semblerait y avoir opposition entre les auteurs décrivant une cornue en verre ou en cristal et ceux qui y voient au contraire un vase en terre. Mais cette parente contradiction s'avèrerait-elle fondamentale ? On pourrait supposer que, d'abord placée dans un récipient en terre, la matière première - lorsque les deux natures conjuguées auront acquis le degré requis de perfection - se trouvera placée ensuite dans une cornue transparente.

A titre d'illustration, donnons un texte de Blemmides, dans les manuscrits alchimiques grecs traduits par Berthelot : "Casse l'œuf et jette dans la liqueur d'argent les trois parts de verre pilé. Expose le tout aux rayons du ciel par sept fois et extraits l'un du tout. S'il arrive que la matière échauffée soit de couleur cinabre, le mélange intime n'a pas eu lieu. Reprends la lie et après avoir saupoudré de pyrite, laisse opérer le Soleil et choisis les rayons du matin".

---

[1] Encore un mot d'origine arabe.

La voie sèche, celle du creuset[1], serait nettement plus rapide - puisqu'au lieu de quarante jours nécessaires dans la voie humide (et en ne faisant entrer en ligne de compte que la réalisation décisive, sans compter donc les préliminaires, pouvant s'étendre sur un laps de temps plus long encore) pour parfaire le grand œuvre, une semaine suffirait. Elle se révèlerait en revanche particulièrement dangereuse, avec risques mortels d'explosion.

Il existerait même une troisième voie, dite directissime, périlleuse à l'extrême mais qui serait susceptible de conférer à l'adepte le triomphe hermétique d'une manière totale et quasi instantanée. Le secret propre à cette voie si aléatoire mettrait en jeu une captation subite de la foudre.

Pour en finir avec les sources d'énergie qu'aient pu utiliser les alchimistes, pourquoi ne pas faire intervenir celle du soleil ? Dans le conte symbolique de Jean-Valentin Andreae : Les Noces chymiques de Christian Rozencreutz[2], il est un épisode significatif : dans la Tour de l'Olympe, le héros et ses compagnons s'élèveront d'un étage à l'autre, y accomplissant chaque fois une étape successive des travaux du grand œuvre minéral. Mais ne parviendront au succès que ceux qui, introduits dans une petite chambre tout au sommet de l'édifice, seront admis à mettre en jeu le secret ultime : capter à l'aide d'une lunette astronomique un rayon solaire précis, qu'il s'agira de faire se concentrer juste au bon endroit sur la matière première.

---

[1] Rappelons qu'en latin creuset se dit crux ("croix").
[2] Cf. l'édition française d'Auriger (Paris, Chacornac, 1928) ou celle de Serge Hutin (Editions du Prisme, 1973).

Il est une amusante analogie, rappelée en ces termes par Léo Larguier[1] : "Ce cuisinier est capable d'accomplir la transmutation des matières viles, de réaliser le sublime magistère et, comme le souffleur et le philosophe (l'alchimiste), il se sort du four et du feu". On peut d'ailleurs se demander si - mais cela nous conduirait à l'étude des secrets compagnonniques - un homme comme Guillaume Tirel, dit Taillevent, premier cuisinier du roi Charles VI, n'aurait pas tâté quelque peu de l'alchimie. Son écu n'alliait-il pas six <u>roses</u> à trois marmites ? Et certaines de ses recettes du <u>Viandier</u> pourraient être codées, dissimuler des secrets d'un autre ordre.

Frantz Hartmann, auteur de la fin du siècle dernier (il fut parmi les familiers de Madame Blavastsky), écrivait cette remarque curieuse : L'alchimie ne mélange ou ne compose rien, elle fait que ce qui existait déjà à l'état latent croisse et devienne actif". Mais il y aurait plus étrange encore. Dans ses <u>Etudes d'hyperchimie</u>[2], F. Jolivet-Castelot rapportait l'étonnante découverte d'un Russe, le docteur Manouilov. Celui-ci relatait à l'agence Tass ses expériences, retrouvant en somme la vieille conception alchimique d'une sexualité au niveau minéral : "La pyrite, cristallisée en cube, donna une décoloration de la substance dans laquelle elle fut plongée, c'est-à-dire une réaction masculine typique. La pyrite, cristallisée en octaèdre, étant plongée dans la substance, la colora, c'est-à-dire donna une réaction féminine typique. J'ai répété cette expérience avec onze

---

[1] <u>Le faiseur d'or Nicolas Flamel</u> (réédition : J'ai Lu, "L'Aventure mystérieuse", 1969), p. 60.
[2] Paris (Chacornac), 1928.

minéraux différents, et j'ai toujours obtenu les mêmes résultats surprenants. Je n'ose pas affirmer que mes expériences aboutissent à une conclusion définitive et immuable sur l'existence du sexe chez les minéraux, je ne fais que constater un phénomène remarquable, observé dans un cas donné. Après des expériences prolongées dans ce domaine, j'espère pouvoir prouver l'existence d'un système unique et harmonieux de classification de tous les organismes de l'univers entier, en catégories masculine et féminine en commençant par l'homme et en descendant jusqu'à la pierre".

Parmi les phénomènes constatés au cours des opérations du grand œuvre minéral, il y a les changements successifs de coloration de la matière première. Les couleurs fondamentales sont au nombre de trois : le noir, correspondant à la phase de putréfaction; le blanc, à celle de dissolution; le rouge, signe de la réussite glorieuse, du triomphe final de l'adepte.

A propos de cette couleur rouge, cela ne manquerait évidemment pas de nous évoquer aussi - entre autres connotations - celle même du liquide vital : "C'est le sang recueilli de tous les Innocents[1] dans lequel viennent se baigner la lune et le soleil des Philosophes qui donnera naissance à l'Ichthus grec (ce nom, qui signifie : poisson, se trouvera symboliquement associé au Christ) de la primitive Eglise, c'est-

---

[1] Allusion à l'épisode évangélique du massacre des Innocents, ordonné par Hérode.

à-dire à la remore des Frères en Hermès ou bien encore au Sauveur et Roi du Monde[1]".

Mais il y aurait lieu de mentionner aussi - comme couleurs importantes observables lors du grand œuvre minéral - le vert, le jaune (plus exactement la couleur citrine), ainsi que l'apparition de colorations multiples dites de l'arc-en ciel ou encore de la queue du paon[2].

Sous une forme certes bien imagée, les alchimistes savent décrire d'une manière très précise les phénomènes constatés au cours des opérations successives du grand œuvre. Lisons, exemple bien significatif, ce si beau passage du Philalethe[3] :

"En effet notre chaos est comme une terre minérale, en égard à sa propre coagulation, et néanmoins c'est un air volatile à l'intérieur duquel se trouve le ciel des Philosophes, dans son centre, lequel centre est véritablement astral, irradiant par sa splendeur la terre jusqu'à sa surface".

Autre passage concret et poétique, de Nicolas Valois[4] :

"Cette Eau est dite Eau de Mer parce que c'est vraiment une mer, dans laquelle plusieurs Sages Nautonniers ont fait naufrage, n'ayant pas cet Astre pour guide, qui ne manquera jamais à ceux qui l'on une fois connu".

C'est le symbolisme de la navigation hermétique. Capitale, l'apparition décisive d'un signe tangible qui, suivant

---

[1] Eugène Canseliet, commentant le Livre des figures hiéroglyphiques de Nicolas Flamel (Paris, Bibliotheca Hermetica, Retz-Denoël, 1970), p. 66.
[2] Voir les splendides planches de Roger Caro : Tout le grand ouvre photographié en couleurs (Saint-Cyr-sur-Mer, Editions R. Caro, 1969).
[3] L(Entrée ouverte au Palais fermé du Roi (Edition cité) p. 35.
[4] Edition citée, p. 171.

l'expression dont usait Fulcanelli[1] "... ne se montre qu'après le combat (celui des deux principes antagonistes), lorsque tout est devenu calme[2] et que les effervescences premières ont cessé".

En quoi consisterait le surgissement du signe décisif de la réussite de l'Œuvre ? En l'apparition glorieuse d'une <u>Etoile</u> minérale.

Ecoutons Eugène Canseliet : "Et tout comme les Mages d'Orient furent conduits par cet astre à la fois crépusculaire et nocturne, jusqu'à l'endroit où reposait l'Enfant divin, de même l'Alchimiste est guidé dans son travail par l'empreinte stellaire, positive et splendide, qu'il doit suivre jusqu'au sanctuaire profondément enfoui au sein de la terre de la matière (<u>mater</u>, mère) recélant l'or philosophique, autrement dit le petit roi (<u>régulus</u>)[3] ".

Donnons aussi, du même phénomène, la descritpion de Guy Béatrice :

"Disons que l'Etoile est, dans le cas de l'Incarnation du Verbe, le signe, la marque <u>visible</u> de Sa manifestation en notre monde sublunaire, tout comme l'Etoile alchimique est le signe de la matérialisation, de l'incorporification de l'Esprit Universel porté par l'âme du Monde, dans le minerai qui devient dès lors, <u>canonique</u>[4] ".

---

[1] Les demeures philosophales (réédition chez Jean-Jacques Pauvert, 1964), tome I, p. 266-67.

[2] Le calme après la tempête...

[3] Alchimie (Paris, Jean-Jacques Pauvert, 1964), p.91-92.

[4] <u>Des Mages alchimistes à Nostradamus</u> (Paris, guy Trédaniel, 1982), p. 61-62

Autres prodiges matériels

Nous avions eu l'occasion de prononcer le nom prestigieux du moine anglais Roger Bacon (né en 1264, il mourra à 78 ans), ce "docteur merveilleux" <u>doctor mirabilis</u>). Toutes sortes de légendes populaires se nouèrent autour de ce célèbre alchimiste. Par exemple, celle qui lui attribuait (comme naguère à Saint-Albert le Grand) la fabrication d'un androïde, c'est-à-dire d'un automate à la parfaite ressemblance humaine. Mais la réalité se révèlerait à elle seule bien étonnante, et d'autant plus que Roger Bacon passera en prison une si grande partie de son existence : son nom se trouvera volontiers invoqué à propos de la persécution médiévale, si volontiers dénoncée, d'esprits novateurs par l'Eglise médiévale. En fait, ces cas furent bien moins fréquents qu'on le croit.

Roger Bacon fera d'importantes découvertes en optique : on lui doit l'invention des lunettes, la construction de téléscopes. Mais il voyait singulièrement loin. La preuve, entre autres, ce passage[1] :

"On pourrait aussi faire marcher des voitures avec une vitesse incroyable, sans le secours d'aucun animal, il ne serait pas impossible de faire des instruments qui, au moyen d'un appareil à ailes, permettraient de voler dans l'air à la manière des oiseaux".

Il disposait de <u>feux mystérieux</u> (était-ce une anticipation du gaz d'éclairage ?) qui lui permettaient d'éclairer sa cellule afin d'y pouvoir lire et étudier la nuit.

---

[1] Extrait des <u>Œuvres secrètes de l'art.</u>

A propos de luminaires, un autre alchimiste - du 16ème siècle celui-là, né en 1522 : Blaise de Vigenere, qui deviendra chapelain du roi Henri III - réalisera une prodigieuse anticipation de l'éclairage moderne :

"... il était parvenu à faire une manière de soleil estincellant à l'obscurité, si estincellant que toute une grande salle en pouvait estre plustost esblouie qu'esclairée; car cela faisait plus d'effect que deux ou trois douzaines de gros flambeaux[1] ".

Cela évoque à l'imagination ces fameuses <u>lampes perpétuelles</u>, dont l'existence se trouverait attestée à Rome dès les second et troisième siècles de notre ère. La formule en est hélas demeurée secrète, mais la réalisation en était vraisemblablement alchimique. D'après certains historiens, les dites lampes, faites d'un bloc de cristal, utilisaient une formule où l'acide acétique aurait joué un rôle prédominant. Mais on ne voit guère le vinaigre se devenir ainsi l'agent d'une combustion liquide indéfiniment renouvelée. Fulcanelli n'hésitait donc pas à y voir l'une des applications secondaires d'une réussite du grand œuvre : "... si l'on excède le nombre limite de ses multiplications, elle (la pierre Philosophale) change de forme et, au lieu de reprendre l'état solide et cristallin, en se refroidissant, elle demeure fluide comme le vif-argent (le mercure) et absolument incoagulable. Dans l'obscurité, elle brille alors d'une lueur douce, rouge et phosphorescente, dont l'éclat reste plus faible que celui d'une vieilleuse ordinaire. La Médecine universelle est devenue la <u>lumière inextinguible</u>, le produit éclairant de ces <u>lampes</u>

---

[1] Nous respectons l'orthographe en vieux français.

perpétuelles, que certains auteurs ont signalées comme ayant été trouvées dans quelques sépulcres antiques[1]".

Il ne s'agit pas d'une fable : en pleine Renaissance italienne, lors de la découverte fortuite à Rome du tombeau de Tullia (fille bien-aimée de Ciceron), dont le corps se trouvait magnifiquement conservé (la jeune fille semblait dormir), on découvrit l'une de ces mystérieuses lampes; elle brûlait encore. Regrettons que, dans le but certes bien intentionné d'éviter l'éventuelle éclosion d'un culte populaire rendu à la jeune morte, les autorités vaticanes se soient empressées de faire discrètement refermer le caveau.

Des lampes perpétuelles éclairaient, nous dit l'un des épisodes symboliques de la Fama Fraternitatis, le sépulcre de Christian Rosencreutz découvert en 1604.

En d'autres domaines vraiment extraordinaires, citons cette expérience relatée par Pierre de Lorraine, abbé de Vallemont:

"Prend un flacon, verses-y l'essence vitale, c'est-à-dire le pollen d'une belle rose. Calcine le tout puis mêles-y la rosée du matin. Distille. Place la goutte dans un nouveau flacon avec du verre pilé et du borax. Le récipient enfoui dans du crottin de cheval y reste un mois. Exposée au soleil et à la lune, la masse liquide doit un jour se soulever, prouvant le succès de l'opération".

Reconstituer ainsi une plante à partir de ses cendres : telle était l'opération appelée palingénésie. Athanase Kircher, le

---

[1] Les demeures philosophales (Edition citée), tome I, p. 182-183.

célèbre jésuite du 17ème siècle[1], la reproduira lui-même à diverses reprises.

Il ne faudrait pas omettre de rappeler l'extraordinaire palette de possibilités qui, dès l'antiquité, s'offraient à une maitrise artisanale doublée de réels dons d' observation - et les anciens alchimistes ne manquaient pas de l'une comme de l'autre. En Egypte, n'existait-il pas une fontaine dont l'eau, toutes les fois qu'on la mettait dans une lampe, devenait rouge comme du sang ? Et cela nous amenèrait à parler de l'habileté manipulatoire du gnostique Marcus : au cours de sa liturgie, il remplissait de vin trois coupes. Emerveillés, les fidèles voyaient l'une se remplir de sang tandis que le contenu de la seconde devenait pourpre et celui de la derniere bleu ciel...

Il y aura au moyen-âge de notables interférences directes entre l' alchimie et certaines techniques artisanales . C'est ainsi que la coloration de certains bleus ou rouges des vieux vitraux, que les maîtres verriers modernes n' ont reussi à reproduire que d' une manière bien imparfaite, mettait en jeu des procédés alchimiques. Fulcanelli n'hésitait pas à affirmer que, dans les plus belles verrières de la cathédrale de Chartres, une poudre tirée de la pierre philosophale aurait joué ainsi son rôle.

Mais d'autres techniques artisanales n'ont sans doute pas manqué d'avoir joué leur rôle dans des tours de main alchimiques. En voici un exemple significatif : "Le fer des armes des nobles wisigoths, changeait disait-on, de couleur entre leurs

---

[1] Voir, sur sa vie et son œuvre, la belle étude de Joscelyn Godwin (Chez Jean-Jacques Pauvert, Paris).

mains en sorte que les unes étaient vertes, les autres jaunes, quelques-unes noires et d'autres couleur de rose, ce qui paraît encore fort merveilleux[1]".

Dans l'une des pièces (une chambre à coucher) du château du Ruisseau à Pruniers (en Sologne), se trouve un portrait de femme[2] qui présente l'originalité que voici : quel que soit l'endroit où l'on accrochera le tableau, même dans la pénombre, le visage demeurera aussi clair pour la vision qu'en éclairage très lumineux.

Au 18ème siècle, le comte de Saint-Germain émerveillera tous ses amis pour l'extraordinaire luminosité de ses peintures[3].

Il serait, dit-on, possible de préparer à partir de la pierre philosophale un liquide procurant à son utilisateur la faculté de devenir invisible. Pas seulement - là, nous entrons directement dans le prodige - le corps de l'adepte mais
Les vêtements qu'il porte. Jules Verne utilisera cette curieuse tradition dans son roman Le secret de Wilhelm Storitz, qui se déroule dans la Hongrie du 18ème siècle.

Autre prodige : d'après le Livre de la Sainte Trinité, ouvrage anonyme d'époque médiévale, la pierre philosophale aurait aussi l'éventuelle propriété merveilleuse de pouvoir faire

---

[1] Vaissette et de Vic, Histoire générale du Languedoc, tome I (cité in : Gérard de Sède, Le sang des Cathares, 2ème édition, Presses Pocket, 1976, p 70, note).
[2] C'est une œuvre du 16ème siecle.
[3] Le fameux "Immortel" avait d'ailleurs non seulement de réels dons de peintre : il a aussi composé de la musique (Paul Chacornac, Le Comte de Saint-Germain, Editions traditionnelles).

écran à la gravitation, d'alléger donc à volonté le corps de l'alchimiste et de lui permettre de s'élever dans l'espace.

Il y aurait évidemment aussi tout le si vaste domaine des applications médicales de l'alchimie. Ce serait, tout spécialement, le territoire de ce que Paracelse nommera la spagyrie vocable forgé à partir des verbes grecs spân (arracher, extraire) et ageirein (rassembler), fort précise caractérisation de la double série des manipulations nécessaires en ce domaine. Nous leur consacrerons une étude spéciale[1].

Le laboratoire et l'oratoire

L'une des oppositions majeures entre les buts de l'alchimie traditionnelle et les perspectives scientifiques modernes serait assurément celle-ci, si bien concrétisée dans l'une des célèbres et splendides gravures de l'Amphithéâtre de la Sagesse éternelle, ce traité de l'alchimiste rosicrucien allemand Henri Khunrath : on y voit, en strict parallèle, les deux registres des travaux à réaliser par l'adepte. Celui du laboratoire (transformation matérielle de la matière première au cours du grand œuvre) et celui de l'oratoire (métamorphoses intérieures - psychiques et spirituelles - que l'alchimiste devra réaliser sur lui-même). D'où la fréquente et si incontournable nécessité, pour l'historien qui se penche sur un traité alchimique, de savoir volontiers en décrypter simultanément le sens en référence au travail du laboratoire certes mais aussi à celui de l'oratoire, c'est à dire des étapes d'une ascèse intérieure. Prenons (exemple

---

[1] Voir infra, au chapitre III.

significatif) deux symboles alchimiques bien connus associés tous deux à la première phase décisive du magistère (celle de l'œuvre au noir) : la tête de mort (caput mortum) et le corbeau.

Il s'agit bien, d'une part, de l'une des transformations de la matière première constatées dans la cornue ou le creuset. Mais ces symboles pourront s'appliquer également à une phase, très pénible, dans l'ascèse intérieure : celle désignée dans la littérature mystique sous des vocables funèbres.

Mais cette nécessité, pour l'adepte, de subir cette phase de l'œuvre au noir nous fait déboucher aussi sur ce symbolisme initiatique : la nécessité de passer par la mort afin de connaître, après ce sacrifice volontaire du vieil homme, une nouvelle naissance : celle de l'initié. Citons à cet égard une fort belle analyse thématique de Noêlle Perez-Christiaens :

"Les mâchoires d'un monstre, c'est-à-dire sa gueule, peut également être représentée, dans d'autres ethnies, par la caverne et son entrée[1]. Mais de même que beaucoup de temples sud-asiatiques ont la porte principale en forme de gueule de Tiâla - monstre initiateur - de même l'entrée de la caverne fait peur, par le secret, l'obscurité dans lesquels elle introduit. Mais, inconsciemment, le chercheur sait d'une intuition profonde qu'il doit s'y laisser mener et faire taire la peur. Tout au fond des cavernes paléolithiques se trouve la grotte la plus belle, la plus célèbre, celle de l'initiation finale. La caverne renferme en elle-même un symbolisme très important : sur l'axe cosmique qui relie le Ciel au cœur de la Terre, une bouche s'ouvre : l'orée de la

---

[1] Cela nous amènerait à évoquer incidemment les fameux monstres du parc de Bomarzo, lieu initiatique. Contrairement à l'explication courante qui y voit un ensemble machiné par un mari jaloux pour se venger, en la terrifiant, de son épouse infidèle !

grotte ! En y pénétrant, c'est vers l'Axe du monde lui-même, l'Etre-même du Monde que l'on avance. Si nous reprenons l'image du vagin aux dents pointues, nous retrouvons le même symbolisme de l'Energie incarnée dans la Femme, axe cosmique; c'est en pénétrant dans sa caverne profonde, en touchant le fond que l'homme est introduit peu à peu dans les mystères de l'Etre[1]".

Mais revenons à l'opposition si fondamentale entre l'alchimie et la science positive. En dépit de l'image facile, si volontiers popularisée dans la vulgarisation scientifique des années 30, des alchimistes "précurseurs des briseurs d'atomes", elle demeure irrémédiable. Outre l'indissociable complémentarité entre le travail du laboratoire et celui de l'oratoire, l'alchimie se distingue radicalement, dès le départ, d'une connaissance positive par son caractère secret et traditionnel. La science actuelle n'est pas cachée : n'importe qui, à condition certes d'avoir les aptitudes et la formation préalable nécessaires, peut s'inscrire à une faculté des sciences et y suivre tous les cours de physique et de chimie. Lorsqu'un secret s'instaure (et c'est réel certes), ce sera toujours au niveau des applications, jamais à celui des connaissances de base-qu'il s'agisse des impératifs militaires ou d'une préservation de secrets industriels. Alors que, l'occultation fait partie intégrante de l'univers des connaissances alchimiques, avec leur transmission privilégiée de maître à

---

[1] Appendice, p 67, au livre de Michel-Vital Le Bossé : <u>Sur la route des Templiers en Normandie</u> (Editions Charles Corlet - 14110 Conde-Sur-Noireau, 1986).

disciple. Rappelons que le sens originel et fort de tradition était bel et bien : "transmission"...

En ce qui concernce une prédisposition des sujets à la pratique de l'alchimie, il serait utile, voire nécessaire, de dresser la carte du ciel pour savoir si telle ou telle personne se trouverait ou non apte à s'engager sur la poursuite des travaux du grand œuvre.

Il existe un ouvrage remontant à la Renaissance et intitulé La Volasfera : à chacun des 360 dégrés du zodiaque, il fait correspondre une image qui concrétise les prédispositions astrales, le "destin" du sujet.

Voici, d'après la traduction de Sepharial[1], la configuration qui serait la plus favorable à une prédestination pour l'alchimie : "Saturne au Milieu du Ciel, entre 9° et 10° du signe des Poissons : "sur une table plate et simple, il (le personnage) a un certain nombre d'appareils de chimie[2], une cornue notamment, un pilon et un mortier, un tube courbé et un creuset". Mais serait-ce l'unique configuration favorable ? C'est là un problème que nous nous abstiendrons, n'étant pas nous-même astrologue, de trancher.

Une technique de l'immortalité

Mais quel serait donc le but le plus fantastique assigné à l'alchimie, celui qui n'a cessé - et pour cause - de fasciner l'imagination des hommes ? Celui-ci sans nul doute : incorporer, révéler, livrer les secrets d'une véritable technique de

---

[1] Pseudonyme d'un astrologue français contemporain.
[2] En fait : d'alchimie

l'immortalité, donnant à l'adepte le moyen de triompher définitivement des trois pires ennemis de l'homme - ces trois congénères si étroitement apparentés : la maladie, la vieillesse, la mort. Cette quête nous occupera à loisir[1].

Mais auparavant, il serait loin d'être inutile de nous pencher sur le destin objectif de l'alchimie : ses sources, son développement, son incroyable perdurance aussi.

---

[1] Infra, chapitre III

CHAPITRE II
JALONS, AVATARS ET DESTINS DE L'ALCHIMIE

Personnages, espoirs, traditions

Nous avons pu voir que, si les uns comme les autres cherchaient bel et bien à réaliser la transmutation des métaux, l'adepte - ce seul véritable héritier des traditions hermétiques - et le souffleur n'étaient point du tout le même individu. Rappelons la définition classique du souffleur, reprise par Jacques Sadoul : "Faux alchimiste qui essaye de transmuter les métaux en or par n'importe quel moyen et dans l'unique but du profit [1]".

A propos des désillusions qui s'abattaient immanquablement sur cet homme désirant avec fureur la fabrication d'une fabuleuse fortune, il ne faudrait pas oublier de raconter aussi les déconvenues des propriétaires successifs de la maison de Nicolas Flamel - plus exactement de son domicile principal. Sa résidence secondaire - dont il avait fait don généreux pour l'hébergement des laboureurs[2] sans ressources de passage à Paris. Il existe toujours, elle, au 51 de l'actuelle rue

---

[1] Le trésor des alchimistes (réédition : J'ai lu, 1972, p. 373.
[2] Ce mot ne devant pas être identifié à "paysans". Il s'agissait des alchimistes!

de Montmorency, où est la <u>Taverne Nicolas Flamel,</u> haut lieu gastronomique. Ajoutant foi à une légende populaire du Vieux Paris, selon laquelle l'alchimiste y avait caché (il s'agit de la demeure principale) une bonne provision de sa poudre de projection, des générations de fouilleurs s'en donneront à cœur joie dans l'édifice sans le moindre résultat sinon de le trouer et malmener du faîte à la cave. A la fin du 18ème siècle, lorsqu'il tombera finalement sous la pioche des démolisseurs, le confortable hôtel particulier de l'<u>escrivain</u> était devenu une lamentable ruine. Ironie du sort, cette fameuse et légendaire provision de poudre de projection existait en fait, mais se trouvera un jour irrémédiablement perdue :

"... une femme, par malheur, qui logeait dans la maison, ayant découvert à un coin plusieurs fioles de grès, couchées sur des matras de charbon, et pleines de poudre de projection, s'en était saisie, ignorante qu'elle était tout ce grand trésor périt entre ses mains, et elle a eu beau fouiller et vouloir pénétrer jusqu'à la première pierre des fondements, jamais elle n'a pu recouvrer sa perte[1] ".

Pour faire un excursus sur le second domicile de Famel, l'actuelle <u>Taverne</u> qui porte son nom, on peut encore y lire sur la façade une longue inscription en lettres gothiques, dont voici la transcription :

"<u>Nous, hommes et femmes laboureurs, demeurant au porche de cette maison, qui fut faite en l'an de grâce 1407, sommes tenus, chacun en droit soy dire tous les jours une</u>

---

[1] Léo Larguier, <u>Le faiseur d'or Nicolas Flamel,</u> (réédition : J'ai lu, "L'Aventure mystérieuse", 1969), p. 182

patenôtre et un ave maria en priant Dieu que sa grâce fasse pardon aux pauvres pêcheurs trépassés. Amen".

L'expression hommes et femmes laboureurs est révélatrice : il s'agissait d'hommes et femmes pratiquant l'alchimie (labourer, c'est "œuvrer"), qui trouvaient donc logement et couvert en ce lieu grâce à la générosité de l'illustre adepte.

Au point de vue des dangers encourus lors d'une téméraire poursuite du grand œuvre minéral, on pourrait citer ce récit anglais de la fin du 17ème siècle, relatant le si triste sort de l'alchimiste que protégeait une princesse :

"Un jour qu'elle était à dîner, un cri affreux, suivi d'une explosion semblable à celle d'un coup de canon du plus fort calibre, se fit entendre (...) ils trouvèrent (...) une grande partie du laboratoire en flammes, et le physicien grillé depuis les pieds jusqu'à la tête[1]".

Dans un alerte poème satirique, intitulé Remontrances de la Nature à l'alchimiste errant, Jean de Meung - l'auteur de la seconde partie du Roman de la Rose - s'en prenait non point certes aux adeptes (lui-même avait reçu transmission des secrets) mais aux souffleurs, sottement cloués à leur quête illusoire :

"Je parle à toi, sot fanatique, / Qui te dit et nomme en practique / Alchimiste et bon philosophe : / Et tu n'as savoir ni étoffe, / Ni théorique, ni science / De l'art, ni de moi connaissance; / Tu romps alambics, grosse bête, / Et brûles charbon qui t'entête : / Tu cuis alun, nitre, atramens, / Fonds

---

[1] Marie Manley, Mémoires de la nouvelle Atalante

métaux, brûles orpinents; / Mais, au fait, je te notifie / Que j'ai honte de ta folle.../ Pauvre homme tu t'abuses bien, / Par ce chemin ne feras rien..."

Face à cet incessant et si vain espoir fantasmagorique où s'enfermaient sottement les souffleurs, il s'avère pourtant indéniable que la soudaine et fabuleuse richesse (artificiellement obtenue) prêtée par la tradition à divers alchimistes parmi les plus célèbres n'est pas du domaine de la fiction, quel que puisse être en la matière l'inévitable haussement d'épaules du sceptique. Nous avons vu[1] comment l'écrivain public Nicolas Flamel avait acquis tout d'un coup son immense et généreuse fortune. Au moyen âge également, un personnage mystérieux nommé Apollonius[2], toujours en perpétuels voyages, ne se contentait pas de soigner gratuitement les malades avec une mystérieuse préparation liquide[3]. Fabuleusement riche, il faisait volontiers don de sacs remplis d'une poudre d'or d'origine divine. On lui attribue un traité, Les Fleurs d'or.

On ne devrait pas se lasser de remettre sans trêve l'accent sur la différence radicale entre l'alchimie et la science. Rappelons la pertinence remarque du grand historien Abel Rey[4] : "L'alchimie, technique et magie, est du même coup une protoscience, comme l'astrologie, avec qui elle va de pair.

---

[1] Supra, au chapitre I
[2] Ne pas le confondre avec le néopythagoricien Apollonius de Tyane (époque romaine)
[3] Sans doute le fameux or potable.

[4] Dans son livre La science dans l'antiquité (Albin Michel, 948).

Constatation avec laquelle ferait écho cette déclaration fervente de l'alchimiste moderne Armand Barbault : "Il est plus que probable (....) que les anciens mages étaient à la fois astrologues, alchimistes et médecins, car l'ensemble étroitement solidaire de ces connaissances permet l'établissement des diagnostics les plus éclairés[1]".

Qui plus est, l'alchimie ne se développe pas, elle se transmet, du maître au disciple.

Mais il y a plus encore (si l'on peut dire) pour témoigner du caractère hyperrationnel de l'alchimie : la révélation d'un secret pourra s'y faire par le moyen d'un songe, ou encore lors d'un contact intérieur-prodigieusement intense mais voué à ne durer qu'un unique instant.

L'Egypte se trouvait réputée être le pays d'origine de l'alchimie (le mot même el kîmyia ne vient-il pas de l'appellation ancienne donnée à ce pays, surnommé "la terre noire - couleur du limon du Nil ?"

C'est en Egypte qu'aurait vécu le fondateur légendaire de l'alchimie : Hermès Trismégiste "le trois fois grand". On lui attribue toute une série d'ouvrages, dont le plus célèbre est, à vrai dire, l'un des plus courts : sa fameuse Table d'Emeraude.

Nous allons en donner le texte, d'après la traduction française - tout à fait exacte et précise - d'Albert Poisson[2] :
"Il est vrai, sans mensonge, certain et très véritable. Ce qui est en bas est comme ce qui est en haut, et ce qui est en haut est comme ce qui est en bas, pour accomplir les miracles d'une seule chose./

---

[1] L'or du millième matin (réédition), p. 42.
[2] Dans Cinq traités d'alchimie (Paris, Chacornac éditeur).

Et de même que toutes les choses ont été et sont venues d'Un, ainsi toute ces choses sont nées de cette chose unique, par adaptation./ Le Soleil en est père, la Lune en est la mère, le Vent l'a porté dans son ventre, la Terre est sa nourrice, le Thélème (du grec Telesma, qui signifie : "perfection". C'est en fait l'essence vitale) de tout le monde est ici./ Sa puissance est sans bornes sur la Terre./ Tu sépareras la Terre du Feu, le subtil de l'épais, doucement, avec grande industrie. / Il monte de la Terre vers le ciel, et redescend aussitôt sur la Terre, et il recueille la force des choses supérieures et inférieures. Tu auras ainsi toute la gloire du monde, et c'est pourquoi toute obscurité s'éloignera de toi./ C'est la force forte de toute force, car elle vaincra toute chose subtile et pénétrera toute chose solide./ Ainsi le monde a été crée./ Voici la source d'admirables adaptations indiquées ici./ C'est pourquoi j'ai été appelé Hermès Trismégiste, ayant les trois parties de la philosophie universelle. Ce que j'ai dit de l'opération du Soleil est complet.

Carles et Granger expliquent ainsi ce texte, énigmatique mais si précis :

"Il (le texte de la Table d'Emeraude) montre la grande Unité de l'Univers et la façon dont la vie organisée se propage, véhiculée par les vents cosmiques (en particulier les vents solaires, essentiellement composés de protons et pouvant développer des pressions dans l'espace interplanétaire)[1]".

C'est, de toute manière, un résumé fondamental, livrant la clef de voûte même de la philosophie hermétique : l'union des deux polarités cosmique, opposées mais complémentaires; les

---

[1] Jacques Carles et Michel Granger, L'alchimie superscience estra-terrestre ? (Albin Michel, collection "Les chemins de l'impossible" 1972). p 113.

quatre éléments et la quintessence; la circulation de la vie dans la nature grâce et à travers l'équilibre cosmique.

Les alchimistes contemporains

Contrairement à une logique apparente qui trouverait tout à fait normal, élémentaire même d'avoir vu les alchimistes disparaitre peu à peu à l'avènement de la chimie moderne - un peu à la manière dont, au siècle dernier, disparurent les postillons au fur et à mesure que le chemin de fer se substituait au diligences, en fait, il n'en fut rien ! N'est-ce d'ailleurs pas normal en fait, l'alchimie et la chimie n'ayant point du tout en fait les mêmes buts ?

Nous avions vu que, lorsqu'il écrira <u>Notre-Dame de Paris</u> (publié en 1829), le jeune Victor Hugo aura sa source directe du fameux chapitre sur l'alchimie en des entretiens prolongés avec l'adepte Cambriel, auteur d'un <u>Cours de philosophie hermétique</u> et grand connaisseur (avant Fulcanelli) des sculures symboliques de la cathédrale.

Il y aura, plus tard, les mésaventures de Théodore Tiffereau, ancien préparateur de chimie à l'école de médecine et pharmacie de Nantes, qui réussira en décembre 1842 une transmutation sous une lumière solaire intense, lors d'un voyage au Mexique. De retour en France, Tiffereau, légitimant ses expériences par l'admission (alors totalement contraire à la théorie chimique officielle, où régnait le dogme lavoisien d'un totale immutabilité des corps simples) d'une structure composée des métaux, présentera ses travaux dans quatre patients mémoires adressés à l'Académie des Sciences[1].

Malheureusement il lui sera irrémédiablement impossible de reproduire en France les expériences qui avaient si bien réussi sous le soleil latino-américain.

Dans la même lignée - celle de transmutations réalisées sur une échelle assez modeste et dans une perspective qui se voulait malgré tout scientifique par ses objectifs, il y aura plus tard encore François Jolivet-Castelot, pharmacien à Douai et fondateur à la Belle Epoque d'une Société alchimique de France, qui publiera une revue intitulée La Rose + Croix. Il était l'un des dignitaires d'une organisation fraternelle se réclamant de l'héritage rosicrucien et auquel adhérera le docteur Harvey Spencer Lewis, futur premier Imperator (chef suprême), au 20ème siècle, de l'Ancien et Mystique Ordre de la Rose-Croix. Parmi les hommes qui seront en rapport avec l'"hyperchimiste" Jolivet-Castelot, il y aura Camille Flammarion et aussi le dramaturge suédois Auguste Strindberg, dont on a conservé toute une correspondance détaillée avec le pharmacien douaisien au sujet de leurs résultats respectifs en matière d'expériences de transmutation - mais, précisons-le à nouveau, sur une échelle modeste par rapport aux résultats dont se targait l'alchimie traditionnelle.

La perpétuation de la tradition alchimique en plein 20ème siècle prendra un tour parfois inattendu. C'est ainsi que, parmi

---

[1] Ils ont été réédités chez Chacornac, sous le titre général L'or et la transmutation des métaux.

les compagnons de Lenine, il y aura l'ingénieur électricien Krijanovski (futur président de l'Académie des Sciences d'U.R.S.S.) et son épouse, Krijanovskaia - un authentique couple d'alchimistes. De Krijanovskaia, un seul livre - présenté sous forme d'un roman fantastique à thème ésotérique - a été traduit en français : <u>L'elixir d'immorttalité</u>[1]. Il est d'ailleurs dommage que l'on n'ait pas encore réédité ce livre, vraiment passionnant et remarquable : il traite non seulement de l'élixir de longue vie des alchimistes mais du problème de l'action secrète de personnages mystérieux, en coulisses, lors des époques successives de l'Histoire. Thème qui fascinait si fortement notre grand ami Jacques Bergier[2].

Pour en revenir à Jolivet-Castelot, si on parle encore volontiers de ses expériences hyperchimiques, on a malheureusement oublié son roman occulte intitulé <u>Les fils d'Hermès</u>, dont les épisodes se lient aux arcanes majeurs du Tarot. Cette œuvre, elle aussi, méritait d'être rééditée[3] et elle montrerait que Jolivet-Castelot n'était nullement ignorant en fait, lui aussi, des buts supérieurs de l'alchimie traditionnelle.

Personnage bien plus controversé, l'ingénieur polonais Zbaniev Dunikowski défraiera la chronique dans les années 30 en se disant inventeur d'un procédé transmutatoire - non alchimique au demeurant, qui se présentait comme une technique strictement

---

[1] Chez Galimard
[2] <u>Les extra-terrestres dans l'Histoire</u> (J'ai lu, "L'Aventure mystérieuse").
[3] Elle l'a enfin été, en 1988, par les soins des Editions de la revue <u>Le Monde Inconnu</u> (Paris).

positive - avec intervention d'un mystérieux rayon Z, produit par un générateur spécial mis au point par Dunikowski. Etabli dans la région de San Remo, cet homme se montrait capable - affirmait-il - de prednre au hasard cent kilos de terre et d'en extraire par son appareil une dizaine de grammes d'or. Chiffre qui n'était pas en soi absurde notons-le, car correspondant en gros à la proportion (bien minime certes mais réelle, non inexistante) qui se rencontrerait probablement dans l'échantillon donné au hasard. Ayant réussi à intéresser diverses personnalités scientifiques et politiques françaises, Dunikowski s'offrit à faire en mars 1932 une démonstration - devant un aréopage d'experts - de son appareil. Malheureusement, il manquait à celui-ci une pièce importante, et l'ingénieur en conclut qu'on voulait faire en sorte de lui rendre toute réussite contrôlable impossible à l'avance. Il s'écria : "Messieurs, vous pouvez toujours courir pour que je vous livre le secret". Condamné pour escroquerie, Dunikowski connut la prison. Libéré dès 1933, il disparut mystérieusement; mais certains affirment l'avoir rencontré par la suite[1];

Mais le nom qui surgit tout de suite à notre esprit dès lors que l'on se plait à évoquer l'alchimie au 20ème siècle, c'est bien la figure altière et énigmatique de l'adepte Fulcanelli, l'auteur de ces deux livres prestigieux si célèbres : Le mystère des cathédrales et Les demeures philosophales[2]. Une seule précision était par lui avouée : son appartenance, et celle de son fidèle disciple Eugène Canseliet, à une société secrète au recrutement

---

[1] Cf. Adolphe D. Grad, Le temps des kabbalistes (Neuchâtel, Editions de la Baconnière).
[2] Réédition chez Jean-Jacques Pauvert, Paris.

très limité : celles des Frères d'Héliopolis[1], fondée à Alexandrie - cette métropole cosmopolite de l'alchimie hellénistique - au second siècle de l'ère chrétienne. L'appartenance s'y concrétisait par les lettres F.C.H., Frère Chevalier d'Héliopolis, gravé sur le chaton de la bague détenue par l'initié.

Eugène Canseliet refusera toujours, jusqu'à sa mort, de révéler l'identité de son maitre. Qui pouvait donc bien se dissimuler derrière ce nomen hermétique Fulcanelli, évocateur du Feu divin régénérateur (on pense à Vulcain et Elie) ?

Les mauvaises langues n'on pas manqué d'insinuer que Fulcanelli et
Canseliet ne pouvaient être bel et bien qu'un seul et même personnage, ayant utilisé ce pseudonyme mythologique pour mieux soigner sa renommée, en y ajoutant la touche savante de mystère. Pourtant, l'identification facile ne tient pas : non seulement le style des préfaces rédigées par le disciple aux deux livres de son maitre est différent de celui de ce dernier mais, lors de la publication des deux ouvrages, Eugènes Canseliet était encore un tout jeune homme, bien loin d'avoir pu posséder alors l'extraordinaire somme de connaissances détenue par l'adepte et si abondamment exhibée dans les deux volumes sortis de sa plume.

Qui donc pouvait bien être Fulcanelli ? Une théorie (soutenue notamment par Robert Ambelain) l'identifie purement et simplement au dessinateur Jean-Julien Champagne, auquel on doit les planches qui ornaient les premières éditions et qui, dans

---

[1] Héliopolis, la "ville du Soleil", était autrefois l'une des villes saintes des mystères d'Orisirs.

les tirages réalisés ensuite chez Jean-Jacques Pauvert depuis 1964, ont été remplacées par des photographies. Mais, si Champagne était certes un homme fort cultivé, il ne possédait pas du tout les vastes connaissances scientifiques du maître. On a pensé à Rosny Ainé (l'auteur de la Guerre du feu), au libraire Dujols de Valois ou au frère jumeau de celui-ci [1]... Pourtant, a t-on vraiment eu l'idée de suivre la piste sans doute la plus évidente - celle qui nous sauta littéralement aux yeux au cours du printemps 1986, et en nous faisant étonner de ne l'avoir même pas remarquée aupravant ?

A la dernière page du texte du Mystère des cathédrales se trouve dessiné un blason. Bien rares sont les lecteurs qui y aient prêté attention, et les quelques-uns qui l'aient remarqué auront pensé sans doute qu'il s'agissait d'armes flatteuses imaginées de toutes pièces par l'auteur pour donner plus de poids à sa qualité de "noble voyageur". Pourtant, le dit blason n'est autre que celui d'une grande famille française, les Lesseps. Mais il y a mieux : Eugène Canseliet, dans ses souvenirs personnels, parle fort volontiers (trop en fait) de ses longues rencontres avec son maître chez les Lesseps, soit dans leur vaste hôtel particulier parisien soit dans une résidence campagnarde. Voyez tout spécialement à leur propos la nouvelle édition[2] du livre de Canseliet : Deux logis alchimiques. Au surplus, Ferdinand de Lesseps (le célèbre constructeur du canal de Suez) était bien connu pour son intérêt soutenu porté à l'ésotérisme en général, et à l'alchimie en particulier - passion érudite que partageaient plusieurs membres

---

[1] Tous deux descendaient en ligne directe de Charles IX, par le fils bâtard légitimé que celui-ci avait eu de sa jeune maîtresse Marie Touchet.
[2] Chez Jean-Jacques Pauvert, 1982

de sa famille. Qui pouvait bien être Fulcanelli - cet homme que Canseliet voyait pour la dernière fois en 1938[1] comme ayant un âge très avancé - qui disparut alors et qu'il devait revoir bien longtemps après, dans les années 50 ? Mais alors, chose fantastique, le <u>maître était devenu plus jeune que le disciple</u> - Fulcanelli présentant alors l'apparence d'un homme n'ayant pas encore atteint la quarantaine, alors que Canseliet approchait, lui, des 70 ans. Fulcanelli n'aurait-il été autre que Ferdinand de Lesseps - ou plutôt un autre membre de cette illustre famille, Pierre par exemple[2]. On peut valablement le penser, et bien que l'identification soit irrémédiablement impossible à prouver scientifiquement. Car qui voudrait évidemment croire qu'un homme puisse, devenu vieillard, disparaître de la scène pour, quelques années plus tard, reparaître en chair et en os, mais magnifiquement rajeuni de plusieurs décenies ? Et pourtant, cela est-il impossible ? Ce ne l'est justement pas aux yeux de la tradition alchimique !

Et nous laisserons la parole à un fidèle diciple de Fulcanelli, relatant, avec ferveur et délicatesse (sans pour cela révéler l'identité, mais au sujet de laquelle notre conviction personnelle est faite), sa découverte fortuite d'une photo du Maître : "... un petit rectangle de bristol photographique dentelé sur ses bords à la mode des années cinquante[3]". Et il ajoutait :

---

[1] Date à laquelle l'adepte aurait réussi le grand œuvre

[2] Pierre de Lesseps figure sur la liste, donné par Canseliet, des témoins de la transmutation métallique réalisé par Fulcanelli en 1938, dans l'usine à gaz désaffectée de Sarcelles. Mais n'était pas lui, Fulcanelli ?

[3] Jean Laplace, <u>Index général des termes spéciaux, des expressions et des sentences propres à l'Alchimie se rencontrant dans l'œuvre complète d'Eugène Canseliet</u> (Paris, Editions Suger, 1986), p 9-10.

"Il ne faut pas comprendre qu'un ectoplasme s'y soit imprégné. Je parle ici du visage qui n'a gardé du commun des mortels que la forme humaine et s'est enrichie d'une indescriptible expression[1]".

"Du fait de la dégradation cyclique - constate Jean Laplace - des valeurs humaines, il est demandé l'impossible au néophyte (en alchimie), à savoir de s'<u>initier seul</u> [2]".

Il se révèlerait certes bien facile de constater, de vérifier à l'envi le fait - en la période actuelle, correspondant traditionnellement à l'extrême fin d'un cycle terrestre dans la phase d'involution, de prépondérance des forces noires[3] - de la singulière difficulté affrontée de nos jours par celui désireux de se faire alchimiste, et sans même parler de la possibilité, miraculeuse, de rencontrer le milliardaire mécène. Il correspondrait aux souverains et grands seigneurs de jadis qui avaient leur alchimiste attitré[4]. Ce n'est d'ailleurs pas forcément question de circonstances paroxystiques ou fatales, de convulsions collectives. Même en dehors des guerres, révolutions et autres crises violentes, il s'avérera fort difficile, aujourd'hui, de se faire alchimiste. Il y a nécessité de gagner sa vie, comme on dit - impératif légitime certes (surtout en cas de

---

[1] <u>Ibid</u>, p 10; note 2

[2] <u>Ibid</u>, p 23

[3] C'est, en terminologie indienne, le <u>Kâli yuga</u> ("l'âge noir"); mais il s'agit d'une loi universelle. Pour la cyclologie universelle, voir tout spécialement, l'ouvrage très complet - une véritable somme - de notre ami Jean Phaure : <u>Les cycles de l'humanité adamique</u> (3ème édition augmentée, chez Dervy-Livres)

[4] Mais une telle possiblité fut toujours l'exception !

responsabilités familiales) mais qui coupe les ailes à toute carrière d'adepte à plein temps, nécessitant des loisirs complets. Quant à attendre l'âge de la retraite, c'est aléatoire : aura-t-on encore alors la santé nécessaire ?... Pourtant, est-ce vraiment l'impasse totale ? N'est-il pas malgré tout possible à un homme de passer entre les mailles du filet, de se jouer des nécessités du <u>règne de la quantité</u> ? Il existe des gens qui, à un poste important mais qui laisserait tout juste le loisir de lire le journal, préféreront un emploi modeste mais leur laissant beaucoup de temps disponible. Certains mêmes préfèreront l'aléa de petites besognes occasionnelles situées en dehors des circuits professionnels normaux, échappant au "filet"...

De toute manière, le fait est là : il y a bel et bien perpétuation de la tradition alchimique en pleine fin du 20ème siècle !

La prolifération des livres et articles, l'incessante réédition des textes attestent, outre sa vitalité incroyable, un regain formidable de curiosité pour l'alchimie. On trouvera même des curiosités apparemment paradoxales : il est patent qu'après 1945 les services secrets de divers bords - dans l'espoir sans doute de profiter de l'occasion pour mettre la main sur des recettes et procédés industriellement utilisables - se sont intéressés à l'alchimie, tant à ceux qui la pratiquent encore qu'aux documents anciens qui subsistent. Jacques Bergier nous relatait, exemple significatif, la manière dont avait été essayée, pour creuser des tunnels, une recette alchimique de "dissolvant universel" trouvée dans un vieux manuscrit alchimique d'une bibliothèque russe.

Nous ne savons pas, à ce jour, quels furent les résultats constatés !

Prodigieuse origines

En 1927, dans son livre Le radium, interprétation et enseignement de la radioactivité[1], un physicien anglais plus qu'éminent (n'avait-il pas obtenu le Prix Nobel pour sa découverte des isotopes ? Fréderic SODDY n'hésitait pas à considérer les traditions et "superstitions" de l'alchimie comme l'héritage des hommes de quelque race éteinte et oubliée (sa propre expression), dont la civilisation aurait atteint un niveau matériel égal et même supérieur à celui dont nous sommes si fiers. On voit que cette idée fascinante - que devait "lancer", bien plus tard, le fameux Matin des magiciens de Louis Pauwels et Jacques Bergier[2], sur les rails duquel devait rouler ensuite leur prestigieuse revue Planète (crée en 1962), laquelle devait compter jusqu'à 80.000 abonnés[3] - n'était sûrement pas, loin de là, un phantasme obscurantiste nouant mystification éhontée et délires. On constaterait à cet égard une nette opposition entre l'optique encore largement dominante dans le monde savant du camp "occidental" et celle régnant en U.R.S.S., au sein même de l'idéologie marxiste. D'éminents savants soviétiques, comme Mateste Agrest, n'ont pas hésité à entériner cette hypothèse

---

[1] Paris (Felix Alcan)
[2] Paru chez Gallimard en 1960.
[3] Il est d'ailleurs dommage qu'elle ait fini par disparaître. Question de..., revue, certes de très haut niveau, créée par Louis Pauwels, n'en possède pas l'impact qu'elle avait sur le grand public et les médias.

fabuleuse de l'intervention d'extra-terrestres sur notre planète dans le lointain passé.

Tournons-vous maintenant vers les légendes relatives à la naissance même de l'alchimie. Significative, celle qui lui assignait une origine maudite, se réclamant du fameux chapitre de la <u>Genèse</u> dans lequel nous voyons les anges déchus tomber amoureux des filles des hommes, qu'ils avaient <u>trouvées belles,</u> s'unir à elles et leur enseigner leurs connaissances magiques. N'était-ce pas, en un mot, assigner à l'alchimie une source "maudite", remontant en fin de compte à <u>Lucifer</u>, le "Porte-Lumière" ? Mais cela nous entraînerait à quitter le vif de notre sujet pour retrouver l'éternelle ambivalence su serpent dans la symbolique traditionnelle. Même en nous limitant à l'Ancien Testament, elle s'avère patente. On trouve d'une part le redoutable tentateur de la Genèse, mais il y aurait à citer en contrepoint ce verser des Nombres[1] sur le serpent d'airain : "L'Eternel dit à Moïse : <u>Fais-toi un serpent brûlant et place-le sur une perche; quiconque aura été mordu et le regardera conservera la vie</u>. Moïse fit un <u>serpent d'airain</u> et le plaça sur une perche; et quiconque avait été mordu par un serpent et regardait le serpent d'airain conservait la vie".

Mais <u>Lucifer</u> ("Porte-Lumière", du latin <u>lux</u>, "lumière", et <u>ferre</u> "porter") n'était-il pas le nom donné par le Romains à la planète Vénus ? N'était-elle pas pour les Chaldéens "l'éclatante torche céleste" ? Tout laisserait donc supposer que l'"étoile du berger" brillait dans l'antiquité d'un éclat bien plus vif que celui

---

[1] XXI, 6-9

connu aujourd'hui. Et lorsque nous nous nous reportons aux anciennes chroniques chinoises d'une part, amérindiennes de l'autre, nous nous surprenons à nourrir l'étonnante conclusion que cette planète apparut brusquement dans le ciel, avec clarté aveuglante. Et cet astre errant ne joue-t-il pas justement un rôle capital dans le calendrier des Mayas et des Aztèques ?

  Emmanuel Velikovsky publiait aux Etats-Unis en 1950 un "best-seller" intitulé <u>Mondes en collision</u> - livre qui mettra les astronomes officiels dans une telle furie qu'on verra des universités américaines puiser allègrement dans leurs deniers pour acheter en sous-main une masse d'exemplaires du dit ouvrage afin d'empêcher désespérément leur mise dans le circuit commercial ! Que soutenait donc ce livre jugé si scandaleusement "délirant" ? Que Venus, loin d'être - comme l'est la Terre ou Mars - fille lointaine de notre astre des jours, était en fait une planète attirée depuis le lointain espace, et à une date point du tout fabuleusement reculée (non antérieure en fait à 3000 années avant notre ère), par l'attraction du sytème solaire, dans lequel elle aurait fini pas s'insérer avec brutalité. Cela ne se serait pas en effet réalisé sans heurt; et Velikovsky voyait justement dans les fantastiques bouleversements (éruptions, séismes, déluge universel) relatés par diverses traditions l'écho des effets cataclysmiques du surgissement soudain de l'"étoile du berger" dans notre espace céleste. Mais avec, aussi, un aspect positif : c'est de cette nouvelle planète que serait surgi le prodigieux essor civilisateur, venu d'habitants de Vénus, vus comme des "anges" du ciel - ils l'étaient bel et bien mais point du tout éthérés, la preuve même en étant (pour reprendre le récit de la <u>genèse</u>) qu'ils se soient charnellement unis aux "filles des hommes". Ces prodigieux civilisateurs furent, tout naturellement, assimilés à des dieux et déesses.

Si, astronomiquement, la capture de la Lune par l'attraction terrestre se révèle tout-à-fait concevable[1], il s'avère en revanche tout-à-fait improbable - astronomiquement parlant - d'admettre la capture par l'attraction du système solaire d'un corps errant ayant la taille de Vénus. Si cela avait été quand même le cas, nous ne serions pas là pour en discuter : la catastrophe suscitée eut été telle que, purement et simplement, notre planète se serait trouvée totalement détruite, éparpillée en mille morceaux, - à la manière de l'ancienne planète transmarsienne, dont les multiples débris forment la ceinture d'astéroïdes gravitant entre les orbites de Mars et de Jupiter. Au surplus, on voit difficilement comment des êtres biologiquement complexes et évolués[2] aient pu supporter l'interminable période durant laquelle leur planète, arrachée à un autre système de la galaxie, aurait donc gravité, nue, dans l'espace, sans atmosphère.

D'où l'hypothèse développée par Carles et Granger et suivant laquelle Vénus ne serait pas du tout une "nouvelle planète". Simplement, son éclat ne se trouvait pas suffisamment vif pour se trouver visible à l'œil nu de notre Terre. Comment expliquer alors son surgissement soudain sur la voûte céleste ? Les co-auteurs concluent :

---

[1] Ne s'est-on pas aperçu, en examinant les pierres ramenées par les cosmonautes, que, contrairement à l'apparente logique, la Lune est, géologiquement, beaucoup plus ancienne que la Terre ?

[2] A l'inverse des formes inférieures de vie, qui ont bel et bien, elles, pu voyager jusqu'à nous sur des aérolithes venus du lointain espace.

"... une calamité (...) a embrasé Vénus à l'échelle planétaire, élevant son sol et sa proche atmosphère à une température telle qu'elle est apparue pour le reste du sytème solaire. Son enveloppe gazeuse était si dense qu'elle joua le rôle de jaquette thermique, diminuant ainsi considérablement la vitesse avec laquelle l'énergie calorifique se dissipa dans l'atmosphère[1] ".

Ils n'hésitent pas à imaginer que la dite catastrophe vénusienne n'aurait pas eu une cause naturelle : elle aurait bel et bien pu résulter de l'impuissance humaine à maîtriser un générateur de rayons cosmiques ou de particules similaires. Mais les Vénusiens auraient, disposant des engins nécessaires, su prendre à temps leurs dispositions pour que certains d'entre eux pussent émigrer vers la Terre, et y jouer un rôle civilisateur.

Carles et Granger, ont été particulièrement touchés par le paradoxe suivant : l'extraordinaire abondance - qui frappa tellement les conquistadores - de l'or, tant au Mexique que (plus encore) dans la cordillière des Andes. D'où venait donc tout cet or ? Il y existait certes des mines, mais dont la production ne semble jamais avoir été à la hauteur d'un débit aussi prodigieux- ayant permis de réaliser une telle quantité d'objets, et dont beaucoup d'un poids si lourd. Au surplus, l'or des Incas, tout en présentant les mêmes caractéristiques que notre métal noble (dont le point de fusion est à 1000°), ne possédait pas la même densité que celui-ci : était-ce donc un isotope ?

---

[1] Carles et Granger, l'Alchimie, p 31

Une tradition andine racontait que cet or des Incas n'était autre que la <u>pierre des plateaux que les dieux leur ont changée en métal jaune</u>. N'était-ce donc pas de l'or artificiel, <u>alchimique</u>. Les Incas ne détenaient-ils pas un héritage leur venant d'une civilisation antérieure, supérieurement évoluée ?

Mais, en matière d'hypothèses sur les contacts de notre humanité avec des extra-terrestres ayant atteint un très haut niveau technique, on pourrait remonter singulièrement plus haut que l'époque, de datation historique, somme toute fort récente, à laquelle Carles et Granger situent l'intervention des Vénusiens.

Il existe même des objets étonnants qui, pour être passés sous silence dans les manuels scientifiques, n'en existent pas moins. L'un des plus extraordinaires est le cube du docteur Gurlt conservé au musée municipal de Salsbourg, en Autriche. Il s'agit d'un bloc cubique, mais légèrement arrondi sur deux faces opposées, qui pèse 785 grammes et dont voici les dimensions : 67 x 67 x 47 millimètres. Non seulement il est formé d'un alliage d'acier, de nickel et de carbone, mais son aspect révèle pleinement qu'il a été usiné. Par qui ? Par des dinosaures - puisque, d'après la paléontologie classique, c'était cette espèce qui florissait sur la Terre il y a plusieurs dizaines de millions d'années ?

Car le fait est là : le bloc de charbon dans lequel fut découvert ce mystérieux cube de Gurlt remontait bien à cette époque lointaine !

En fait, contrairement à la théorie biologique courante de l'évolution (qui, bien que toujours enseignée dans les manuels, s'est effondrée lamentablement depuis pas mal d'années déjà), l'humanité ne serait-elle pas l'une des plus vieilles espèces vivantes ? Et n'est-il pas arbitraire d'en limiter l'existence à notre seule planète ?

Même en laissant de côté le si troublant problème des éventuelles interventions extra-terrestres (en dehors de simples visites épisodiques) sur le destin de notre humanité, il demeure tout le grand problème des continents dits <u>légendaires</u> (l'Atlantide n'est pas le seul)[1] sur lesquels auraient pu s'épanouir des civilisations extrêmement évoluées.

Une tradition affirme que, chez les Atlantes, existait dans la population - au niveau de la plus haute élite dirigeante - une minorité d'êtres immortels, et qui de ce fait n'avaient nul besoin de se reproduire. N'apparaissaient-ils donc pas aux autres humains comme des dieux et déesses[2] ?

Avec la légende d'Hermès Trismégiste, nous toucherions en revanche aux frontières entre le merveilleux légendaire et l'antiquité historique. A ce personnage - un dieu ? un homme réel ? - se trouvait attribuée la révélation première de l'alchimie au sacerdoce égyptien. C'est dans le tombeau d'Hermès Trismégiste qu'aurait été - relate une légende symbolique - déposée la fameuse <u>Table d'Emeraude</u>. On aura remarqué cette matière précieuse, qui nous ramènerait à une autre tradition : celle suivant laquelle la coupe du Saint-Graal aurait été taillée dans l'émeraude

---

[1] Serge Hutin, <u>Les civilisations inconnues</u> (Verviers, Editions Marabout, collection "Univers secrets").

[2] Abraham Merritt a utilisé cette tradition - à propos d'une colonie atlante cachée établie dans les Andes - dans son roman <u>Face in the abyss</u>. Le secret de l'immortalité est donnée comme l'absorption de l'eau d'une certaine source, dans une grotte montagneuse.

géante qui, lors de la chute des anges rebelles, tomba du front de Lucifer [1].

Il y aurait eu deux sépulcres successifs d'Hermès : "Son corps aurait été ensuite placé dans la chambre la plus profonde de la septième pyramide, celle qui était dédiée à la planète éclatante (Venus), et dont il ne subsiste aujourd'hui qu'un gigantesque amis de pierres. Les six pyramides restantes, à savoir les trois grandes sur la rive gauche du Nil et les trois petites placées sur un axe est-ouest, symbolisent le Soleil, la Lune et quatre autres planètes[2]."

Précisons que, contrairement à ce qu'estime l'égyptologie officielle, les pyramides de Ghizeh sont loin encore d'avoir livré tous leurs secrets : il s'y dissimule l'accès à des salles, immenses ou plus petites suivant les cas, inviolées à ce jour.

Développement historique de l'alchimie

Le qualificatif d'art sacré donné à l'alchimie se trouve directement issu de la tradition suivant laquelle celle-ci se serait trouvée cultivée tout d'abord dans les sanctuaires égyptiens, dont celui de Ptah à Memphis : les premiers adeptes auraient donc été des prêtres de cet antique pays. Le sacerdoce de l'époque pharaonique détenait en fait - c'est bien établi - toutes sortes de secrets, y compris d'ailleurs sur le plan purement technique : Eusèbe Salverte[3] a pu étudier ainsi la manière, par exemple, dont ils savaient utiliser une machinerie perfectionnée pour réaliser

---

[1] Patrick Rivière, Sur les sentiers du Graal, Paris (Robert Laffont), 1984; réédité en 1989 aux Editions du Rocher.
[2] Carles et Granger, l'Alchimie...., p 56-57
[3] Dans son livre Sciences occultes, paru à Paris en 1829

d'apparents prodiges (des statues qui parlent ou qui se déplacent, des portes semblant s'ouvrir toutes seules, etc); mais leurs connaissances secrètes devaient aller bien plus loin encore.

Peu à peu, il se produira en Egypte (pour user d'un terme anachronique) un processus de laïcisation, faisant passer de la période de l'<u>art sacré</u> proprement dit (celle de l'alchimie sacerdotale, uniquement pratiquée par certains prêtres) à l'époque alexandrine, où nous voyons l'alchimie pratiquée par des hommes et des femmes n'appartenant plus à la caste sacerdotale.

Mais, bien avant même la période sacerdotale, il y aurait lieu - et comment ne pas évoquer à ce propos l'admirable travail de Mircea Eiade[1] ? - de songer aux ancestrales racines artisanales du travail des métaux, lequel nécessitait une totale maîtrise thaumaturgique du feu. Cela nous reporterait au cœur même de la protohistoire.

Une autre grande terre traditionnelle, la Chine, rivalise avec l'Egypte pour ce qui concerne l'avènement premier de l'alchimie sur la scène historique.

Chez les alchimistes chinois, on retrouvait exactement les mêmes buts que dans l'alchimie occidentale : changer en or les métaux ordinaires, obtenir l'immortalité corporelle de l'adepte. Et, du point de vue philosophique, l'analogie sauterait vite aux yeux entre la <u>Table d'Emeraude</u> hermétique, dont nous citons plus haut le texte, et ce passage du <u>Livre des Mutations</u> taoïste :

"Le Tao produisit l'Un, l'Un produisit les Deux. Le Deux produisit le Trois. Le Trois produisit les êtres et toutes les

---

[1] <u>Forgerons et alchimistes,</u> 1ère édition chez Flammarion en 1958; ouvrage réédité depuis.

choses. Tous les êtres et toutes les choses sortent du Yin et vont au Yang". <u>Yin</u> et <u>Yang</u>, ce sont les deux principes - féminin et masculin, les deux polarités, le Soleil et la Lune alchimiques...

Il ne faudrait d'ailleurs pas se représenter l'hermétisme alexandrin et l'alchimie chinoise comme non susceptibles d'avoir été en contact. Contrairement à ce que l'on croyait naguère, le monde méditerranée et l'Extrême-Orient ne furent jamais isolés par des cloisons étanches. N'y eut-il pas des échanges commerciaux suivis entre l'Empire romain et la Chine, tant par voie maritime que par la <u>route de la soie</u> ?....

D'Alexandrie et de l'Empire byzantin, l'alchimie passera aux arabes. Donnons en passant un grand coup de chapeau à ces célébrités islamiques : Djabir ibn Hayan (connu du monde occidental sous le nom de Geber), Rhazes, Avicenne... C'est par l'intermédiaire des arabes que l'alchimie se trouvera toucher l'Europe chrétienne, où elle connaîtra l'épanouissement que l'on sait.

Le pasage graduel, dans nos contrées, à la constitution de la chimie proprement dite ne lui portera nullement le coup fatal, contrairement à l'opinion courante. Le 18ème siècle ne sera-t-il pas une époque particulièrement riche encore en traités alchimiques, imprimmés ou manuscrits ? Et, nous l'avons vu, elle se perpétuera jusqu'en plein 20ème siècle.

A l'ennoncé du mot <u>alchimie</u> surgira volontiers à notre imagination les noms prestigieux de vieilles citées particulièrement célèbres pour leur longue association à la poursuite des travaux hermétiques. Il faudrait évidemment évoquer Paris tout d'abord, avec les fameuses sculptures alchimiques si magistralement étudiées dans le <u>Mystère des cathédrales</u> de Fulcaneli. Il nous faudrait songer aussi à l'attachante Venise, où flotte l'ombre du Comte de Saint-Germain[1]. Il faudrait nous reporter aussi à Prague, la ville magique si chère au cœur de l'empereur Rodolphe II de Habsbourg - avec la <u>ruelle de l'or</u> où résidaient les alchimistes de sa cour; avec l'horloge astronomique - du 15ème siècle[2] - dont les deux fenêtres s'ouvrent à chaque heure, laissant surgir la statue du Christ puis celles des douze Apôtres et enfin celle de la Mort, l'impitoyable moissonneuse sonnant le glas devant le temps qui s'écoule inexorablement...

<u>Le secret alchimique</u>

Qui dit alchimie traditionnelle suppose, implique du même coup la volonté délibérée de <u>secret</u>. Violer les arcanes du grand œuvre serait absolument impossible aux curieux.

Dans son <u>Livre des Indices</u>, Geber donnait cet avertissement :

"Quand même il se rassemblerait une masse aussi nombreuse que les grains de sable, ou encore plus nombreuse, et quand ils se prêteraient l'un à l'autre un appui mutuel, certes, ils ne pourraient comprendre ce que j'ai voulu dire ni même entendre la moindre parcelle des nombreuses choses dont j'ai parlé".

Un vieil adage le proclame : <u>Ce que les hommes écrivent</u> (sous entendu : en clair), <u>les dieux en sont jaloux</u>.

---

[1] Voir le livre de François Ribadeau Dumas : <u>Histoire secrète de Venise</u> (Albin Michel)
[2] Incorporée à la tour de l'ancien hôtel de ville, en face de l'église.

Les alchimistes ont fait usage de tout un arsenal de méthodes, de trucs - simples ou complexes - pour déjouer la curiosité. Ecoutons encore, exemple significatif, cet aveu de Geber, dans la <u>Somme des perfections du magistères</u> cette fois :

"Je déclare ici que (...) je n'ai point enseigné notre science selon une démarche cohérente. Si je l'avais exposée dans l'ordre de son développement, des esprits mal intentionnés pourraient la comprendre et l'utiliser à mauvais escient".

Voici un passage emprunté à un manuscrit syriaque anonyme conservé à Cambridge : "Il (Hermès) a voilé les mystères avec la même précaution que la prunelle de ses yeux : il a ordonné qu'ils ne soient pas livrés aux disciples qui n'en étaient pas dignes. Voilà pourquoi tous les philosophes ont altéré la langue dans leurs paroles, et ils ont donné un sens pour un autre sens, un nom pour un autre nom, un passage pour un autre, une espèce pour une autre, une vision pour une autre".

Dans le manuscrit latin <u>Mappae clavicula</u> (du 12ème siècle), on trouve ce passage comportant des assemblages de lettres apparemment sans le moindre sens : <u>De commixtione puri et fortissimi xkenk cum III qbsuf tbmket cocta in emjus negocii vasis fit aqua quae accensa flamman incumbustom servat materiam.</u> Marcelin Berthelot, procédant au décryptage à l'aide d'une règle simple[1] , obtenait : xkenk = voni, qbsuf = parte; etc. d'où une formule précise : <u>En mêlant un vin pur et très fort avec trois parties de sel et en le chauffant dans des vases destinés à cet usage, on obtient une eau inflammable, qui se consume sans brûler la matière.</u>

---

[1] Remplacer chacune des lettres des mots codés par celle la précédant dans l'ordre alphabétique.

Mais il faudrait évoquer aussi, à un niveau plus complexe de dissimulation, le mystérieux <u>langage des oiseaux,</u> qui, dans le vocabulaire hermétique, constitue le pendant du langage caché, de l'argot professionnel des métiers corporatifs.

Le codage des textes pourra être poussé jusqu'à d'étonnantes limites, et un passage rédigé en langage apparemment clair pourra constituer le voile symbolique recouvrant un texte situé à un niveau supérieur. Prenez -exemple significatif - un petit livre contemporain, les <u>Voyages en kaléidoscope</u> d'Irène Hillel-Erlanger[1]. Apparemment - mais le texte se révèlerait déjà intéressant à ce premier niveau - il s'agit d'une fantaisie satirique en vers libres sur le vertige financier qui emprisonne l'homme moderne. Mais, si on le décrypte patiemment en appliquant l'un des codes décrits dans <u>Locus solus</u> de Raymond Roussel, on obtiendra en fin de compte un récit dont l'action nous transportera dans un pays fabuleux, merveilleux, <u>magique</u>.

La grande angoisse

Quelle est la constation humaine la plus lancinante, celle qui revient perpétuellement ? La vanité même de nos actions, petites ou grandes : "Cest cela qui est terrible. Dépasser l'homme, traverser presque le mur humain et revenir d'où l'on partit, boire sa chopine ou sa canette, à deux pas du cimetière où l'on ira[2] ..."

---

[1] Voir l'édition, par Jean Laplace, à "<u>L'Or du Temps</u>", Grenoble.

[2] Léo LARGUIER, <u>Le faiseur d'or Nicolas Flamel</u>, avant propos, n° 19.

Et nous retombons alors sur cette question fondamentale : la mort est-elle vraiment inéluctable ? L'alchimie ne se présenterait-elle justement pas, sous son aspect ultime, comme une victorieuse technique de l'immortalité ?

CHAPITRE III
LE SECRET DE L'IMMORTALITE

La Pierre philosophale

Comment se présente la Pierre philosophale ? Elle "s'offre à nous - déclare Fulcanelli - sous la forme d'un corps cristallin, diaphane, rouge en masse, jaune après pulvérisation, lequel est dense et très fusible, quoique fixe à toute température, et dont les qualités propres le rendent incisif, ardent, pénétrant irréductible et incalcinable".

La couleur de la Pierre philosophale, cette prodigieuse Pierre des Sages, se trouve, dans les traités, décrite d'une manière pouvant varier. La coloration associée au triomphe dans la réussite des opérations, c'est assurément le rouge[1] - l'Œuvre au rouge correspond à la transformation finale glorieuse, suprêmement victorieuse, de la matière portée à son ascension. C'est la nuance de la masse, mais elle devient transparente lorsqu'elle cristallise. Quand ce processus s'accomplit, les structures prennent forme d'un octaèdre. Comme montré dans la planche terminale reproduite (d'après un dessin de Léonard de VINCI) dans l'Index Canseliet[2] de Jean Laplace, celui-ci le caractérise comme suit :

---
[1] Couleur du rubis, de l'escarboucle.
[2] Paris (Editions Suger), 1986.

"<u>Octocebron elevatus solidus</u> - Le système agrégatif, cristallin, de la Pierre philosophale. L'<u>octocedron abscisus vacuus</u>, apparaissant en grisé, appartient au recto de cette page d'un manuscrit illustré par Leonardo".

Après pulvérisation, la Pierre deviendrait jaune, d'après le témoignage de Fulcanelli. Mais il y a aussi les récits où surgit la fameuse poudre de projection rouge, obtenue à partir de la forme initiale de la Pierre. C'est sous cette forme qu'elle mettrait l'adepte à même de réaliser des transmutations.

En fait, il existerait deux poudres, obtenues successivement par l'adepte - l'une blanche et l'autre rouge; elles permettraient respectivement, des transmutations en argent et (la seul parfaite à vrai dire) en or[1]. Dans l'iconographie alchimique, le <u>petit magistère</u> (la transmutation en argent) se symbolisera par un arbre portant des lunes[2], le <u>grand magistère</u> (transmutation en or) par un arbre porteur de soleils[3].

Eugène Canseliet écrivait de son côté : "Cette matière subtile (celle de la Pierre des Sages) possède, en vérité, la pondérabilité du Christ incarné, sa couleur verte et son odeur qui est celle de la fumée de l'encens[4]".

Il est vrai qu'un adage alchimique exalte, lui, <u>la pierre sublime en laquelle se fondent toutes les couleurs, toutes les lumières</u>. Et les contradictions entre les témoignages ne seraient

---

[1] Voir <u>supra</u>, au chapitre premier.
[2] L'astre des nuits représente l'argent.
[3] Le soleil symbolise l'or.
[4] Préface, p16, aux <u>Aspects de l'alchimie traditionnelle</u> (Paris, Editions de Minuit, 1953) de René Alleau.

donc qu'apparentes, car situant diverses étapes dans le traitement de la Pierre philosophale[1]. Ses cristaux brillent dans l'obscurité.

Dans la cour du château royal d'Holyrood (où résida Marie Stuart), à Edimbourg, se trouve une superbe fontaine - du 16ème siècle - à sept côtés, mais dominée au centre par une structure octaédrique ayant la forme exacte de cristallisation de la Pierre philosophale.

Applications médicales

La Pierre philosophale est qualifiée aussi de <u>médecine universelle</u> : à partir d'elle, il serait possible de préparer un <u>élixir</u> capable de guérir radicalement toutes les maladies.

A un degré moindre, nous retrouverions ce fameux <u>or potable</u>, aux propriétés déjà merveilleuses pour traiter toute une gamme d'affections, même graves[2].

A une échelle plus modeste encore, on trouve ce qu'on appelle la <u>spagyrie</u> : nous avons déjà rencontré ce mot, spécialement crée par Paracelse (1493-1541), le grand médecin hermétiste de la Renaissance[3], pour désigner l'art de préparer des remèdes par des techniques directement empruntées à l'alchimie traditionnelle. Paracelse partait de ce principe, pour lui fondamental : l'homme est, par son corps physique, un composé chimique, et les maladies qui le frappent résultent d'une altération

---

[1] Lorsqu'elle prend une couleur blanche diaphane, la Pierre des Sages effectuera la synthèse des sept couleurs du prisme solaire.

[2] Armand Barbault, <u>L'or du millième matin</u>.

[3] W. PAGEL, <u>Paracelse</u> (Paris, Editions Arthaud, 1963) - Béatrice Whitside, Serge Hutin, et Georges Cattaui, <u>Paracelse : l'homme, le médecin, l'alchimiste</u> (Paris, La Table ronde, 1966).

de ce complexe vital. Pour lutter contre les maladies, il faut donc disposer des médicaments adéquats, tout spécialement par l'emploi de préparations <u>potables</u>, parmi lesquelles des métaux.

Cette médecine paracelsienne, dite aussi <u>iatro-chimie</u>, n'a nullement disparu avec l'époque moderne. Il y eut les travaux exemplaires du baron Alexandre von Bernus en Allemagne, d'Armand Barbault en France[1] et d'Albert Riedel[2] aux Etats Unis.

Ce progressif et sûr élan ne s'est point du tout arrêté avec le dernier tiers de notre 20ème siècle. Aujourd'hui encore, pour ne citer que la France, le groupe <u>Spagy-Nature</u>[3], dirigé par Patrick Rivière, est en plein essor. Son but se trouve ainsi défini : "<u>Groupe de recherches alchimiques et spagyriques</u> - Enseignement théorique et pratique (en laboratoire) des principes hermétiques et de la <u>Spagyria</u> de Paracelse : extraction des quintessences végétales et minérales, élaboration des différents <u>Menstruum</u>, <u>Lapis vegetalis</u> (Pierre végétale), extraction du Sel d'Harmonie de la <u>Rosée des Philosophes</u>..." Patrick Rivière a donné le bilan complet de ses travaux, recherches et résultats - sans cesse confrontés à l'autorité séculaire des écrits alchimiques classiques - dans un volume important [4].

La spagyrie - malgré qu'elle puisse elle-mêm conduire à des transmutations métalliques, mais sur une échelle beaucoup

---

[1] Nous avons eu l'occasion, à plusieurs reprises déjà, de rencontrer son livre <u>L'or du millième matin</u>.
[2] Fondateur d'une très active <u>Paracelsus Research Society</u>.
[3] B.P. n°4 - 82220 Molières.
[4] <u>Alchimie et Spagyrie : Du grand-œuvre à la Médecine de Paracelse</u>. Préface du Docteur A. Pajault "Spagy-Nature", B.P. - 4 - 82220 Molières, 1985.

plus mince que dans le grand œuvre proprement dit[1] - repose entièrement sur l'application des lois alchimiques au domaine médical. C'est une voie toujours humblement pratique, apprenant au praticien à se tenir sans cesse à l'écoute de la Nature. "La Nature, déclarait Paracelse, est une lumière qui luit beaucoup plus que la lumière du soleil... au dessus de tout regard et de toute puissance des yeux. Dans cette lumière, les choses invisibles deviennent visibles".

Dans les trois règnes (minéral, végétal, animal) se manifestent les trois principes alchimiques - désignés respectivement, nous l'avions vu[2], par les mots Soufre, Mercure et Sel. Il ne faudrait surtout pas les confondre (précisons-le une fois de plus) avec les corps couramment désignés par ces noms.

En médecine spagyrique, chacun des trois principes donnera naissance à une série de préparations médicales appropriées.

Au Soufre correspondront les liquides huileux, visqueux ou gras, au Mercure l'alcool ou des substances légères et volatiles, au Sel la poudre obtenue par calcination d'une substance tirée de tel ou tel règne.

Ces substances une fois séparées, il s'agira ensuite de les dissoudre puis conjoindre en proportions diverses - ce qui supposera toujours une bien longue patience; toute précipitation mènerait inévitablement à l'échec. De toute manière, primauté absolue de l'expérience. Citons une maxime de Paracelse : "Il n'est pas dans nos habitudes de croire, d'enseigner et de suivre

---

[1] Sur celui-ci, voir supra, chapitre premier.
[2] Supra, chapitre premier.

ce qui ne peut pas être confirmé par l'expérience et la pratique véritable".

Dans les divers pays où on les teste, ces préparations spagyriques ont obtenu réel succès dans toute une gamme d'affections[1]. Jusqu'à présent, elles ne se trouvent pas homologuées dans les circuits médicaux officiels - et bien que les produits des laboratoires Soluna (qui réalisent des médicaments spagyriques suivant les méthodes paracelsiennes mises au point par Alexandre von Bernus)[2] soient depuis longtemps disponibles dans des pharmacies allemandes et de Suisse alemanique.

Samuel Hahnemann, fondateur de l'homéopathie, se réclamait de Paracelse. On trouvait bel et bien chez ce dernier le pressentiment direct des deux principes fondamentaux qui devaient régir l'homéopathie : le semblable traité par le semblable; l'efficacité d'une préparation, même lorsque la dilution atteindra une dose infinitésimale. De grands médecins homéopathes se sont intéressés, ou s'intéressent toujours, à l'emploi de médicaments spagyriques. Cela nous conduirait à évoquer le souvenir de notre grand ami le docteur Henri Hunwald, décédé en 1961. C'était, n'en déplaisât à son extrême modestie, l'un des meilleurs homéopathes de son époque - et un ésotériste de tout premier ordre (il avait fort bien connu Gustav Meyrink). Comme Paracelse, pour lequel il vouait une admiration sans borne, il liait

---

[1] Voir l'Introduction aux deux éditions françaises (la première chez Dangles en 1964, la seconde chez Pierre Belfond en 1978) du livre d'Alexandre von Bernus : <u>Alchimie et Médecine</u>.
[2] <u>Soluna</u> : de <u>Sol</u> (le Soleil) et <u>Luna</u> (la Lune) - les deux polarités alchimiques.

intimement la médecine traditionnelle, l'alchimie et l'astrologie : ne demandait-il pas à chacun de ses malades de se faire dresser leur thème de naissance ? Il estimait - bien dans la lignée de l'authentique alchimie paracelsienne - que les médicaments (homéopathiques ou spagyriques) ne devraient jamais être les mêmes pour tous les sujets, mais correspondre aux configurations des respectives cartes du ciel des malades. Un autre éminent médecin homéopathe, bien vivant celui-là aujourd'hui, le docteur Pajault, a préfacé l'ouvrage de Patrick Rivière.

A propos de médecine alchimique, cela nous conduirait immanquablement à évoquer la retentissante carrière, tout à la fin du 18ème sicèle, du célèbre Cagliostro - personnalité bien différente du charlatan hableur auquel on se plait tant encore hélas à vouloir le réduire. Pourtant la vérité était toute autre, comme l'a fort bien montré l'éminent historien François Ribadeau Dumas[1], après le témoignage exemplaire de Marc Haven (alias docteur Lalande; le gendre du Maître Philippe de Lyon)[2]. Le "Grand Cophte" soignait gratuitement tous ses malades, et - cela est indéniable - avec une prodigieuse efficacité. Une foule se pressait donc chaque matin aux portes de son hôtel particulier parisien[3], de même qu'il s'était trouvé assailli par d'innombrables êtres souffrants lors de son passage triomphal à Strasbourg.

---

[1] Casgliostro (Editions Arthaud) - Casgliostro, homme de lumière 'Editions philosophiques, Paris).
[2] Le Maître inconnu : Cagliostro (Lyon, Derain - réédité à Paris, aux (Editions traditionnelles).
[3] Il subsiste toujours signalons-le, bien restauré, sur l'actuel boulevard Beaumarchais

Cagliostro combinait sa pratique experte du magnétisme curatif à la remise aux patients de préparations alchimiques (sous forme de liquides, de poudres ou encore de grains à dissoudre et de pilules soigneusement préparées par lui-même).

Le rajeunissement corporel et l'immortalité

Si la vie existe sur notre planète[1] depuis huit cent millions d'années au moins, une destinée d'homme couvrira toujours - même dans le meilleur des cas - un laps de temps fantastiquement limité. On comprend que, depuis toujours, le rêve fabuleux de parvenir à vaincre vieillissement et mort n'ait cessé de hanter, d'obséder les imaginations. Il suffit de songer - mais elle se révèlerait bien loin d'être la seule - à la légende (mais en est-ce bien une... ou bien réalité fantastique mais possible ?) du vrai Comte de Saint-Germain. Celui qui tant étonna la cour blasée de Louis XV et de sa Pompadour en racontant par exemple, au cœur même du 18ème siècle, des épisodes du règne de François 1er - avec tous leurs détails, et comme s'il s'agissait de faits venant de se passer au cours des précédentes années. C'est - dira Frédéric 2 de Prusse - un homme qui sait tout et qui ne meurt jamais.

Ce vieux rêve d'immortalité physique est-il scientifiquement concevable ? Certains biologistes inclineraient certes à le penser : "...en prenant un bébé en l'an 2000, en attachant à sa personne, pour la durée de sa vie, une quinzaine de grands spécialistes, en dépensant quelques millions de dollars, il

---

[1] Et sans, donc, prendre en considération son existence certaine sur les innombrables autres mondes lointains de l'univers.

serait possible de prolonger son existence de plusieurs siècles tout en conservant le corps à un âge de l'ordre de cinquante ans[1]".

Pourtant, la majorité d' entre eux demeurent sceptiques. L'une des objections communément faites sera celle-ci : si toutes les autres se renouvellent durant l'existence d'un sujet, le capital de cellules nerveuses, chez un même individu, demeurera invariable, lui, de sa naissance au décès ; détruit ou altéré, impossible de le remplacer. Un récit américain de science-fiction traitait le thème suivant : dans X années, des savants découvrent le secret du renouvèllement indéfini des cellules, d'où régénération possible de tout le corps. On essaye donc la méthode sur une poignée de sujets, vieillards rajeunis qui seront les prototypes du surhomme devenu immortel. Malheureusement, on avait oublié cet implacable blocage du capital en cellules nerveuses : les spécimens sélectionnés ont certes retrouvé un corps superbement épanoui. Hélas, leur système cérébral n'avait pas suivi ; tous se trouvaient en état de gâtisme avancé !

Les savants s'en trouvent volontiers réduits à déplacer le problème, pour ne concevoir l'immortalité biologique que sur un mode impersonnel :

"... dans chacun de nous, tous les atomes qui nous composent ont dû nécessairement appartenir à un être vivant qui nous a précédé sur terre. Il est donc absolument certain que chaque fraction de nous-même a connu d'autres vies, a participé à d'autres intelligences, peut-être celle d'une bactérie, peut-être

---
[1] Carles et Granger, L'alchimie...., p 62.

celle d'un diplodocus, peut-être même celle d'un autre homme ou d'un simple champignon[1]".

Chaque chromosome ne renferme-t-il pas sa propre mémoire, qui se trouvera donc transmise, automatiquement, à l'organisme dans la composition duquel il se trouvera incorporé après les transformations suivant la dissolution du corps dont il formait l'une des innombrables composantes microscopiques ?

Revenons à l'inexorable processus physique de vieillissement. Comment devient-il possible ? Dans l'organisme, certains composés toxiques ne se trouveront pas éliminés au même rythme avec lequel ils s'étaient accumulés ; d'où, au niveau des cellules, un lent mais inexorable déséquilibre chimique. Les cellules se trouvent composées de 80% d'eau. Et voici qu'intervient ce décalage : l'eau lourde (D 2O) s'éliminera plus lentement que l'eau ordinaire (H 2O) . Si cette dernière compose certes la majorité de l'eau dans l'organisme, le décalage par rapport à la première s'avérera capable, au fil des années, d'introduire un déséquilibre croissant d'où résultera le vieillissement de l'organisme.

Mais ne serait-il pas possible de réaliser un composé-ce serait l'exact équivalent d'un élixir de longue vie -qui permettrait d'éliminer cette insidieuse accumulation d'eau lourde dans les tissus ? On peut se poser la question.

---

[1] Carles et Granger, L'alchimie....., p 109.

Dans le domaine cellulaire, il est aussi un point important à considérer : le fait pour les cellules sexuelles, celles destinées à la reproduction, d'être (par rapport aux autres cellules constructives du corps - le soma)[1] immortelles en fait. C'est par leur intermédiaire[2] que se perpétue l'espèce :

"L'étalon de ce temps biologique devrait dériver de la durée qui sépare deux reproductions des cellules sexuelles de l'homme : les gamètes. En effet ce sont les seules cellules de l'homme qui sont absolument indépendantes du temps physique et qui ne meurent jamais puisqu'elles se transmettent de générations en générations, avec leur caractéristiques et leurs propriétés propres[3]".

Il est d'ailleurs significatif de voir que, dans les traditions ésotériques, l'atteinte de l'immortalité corporelle par un individu s'accompagne - nous laisse-t-on entendre - d'une stérilité totale et définitive. On ne voit d'ailleur pas de quelle utilité pourrait bien être pour un homme le désir de procréer - si légitime, si profond dès lors que l'on doit mourir, que c'est donc le seul moyen direct de se perpétuer ici-bas - si sa présente existence n'aurait plus devant elle de terme concevable. Ce privilège de l'immortalité corporelle, deux philosophes de la fin du "siècle des lumières", William Godwind en Angleterre et Condorcet[4] en France - deux théoriciens du progrès indéfini - l'étendront à l'espèce humaine dans son ensemble, situant cette conquête à l'aboutissement final

---

[1] Terme consacré en biologie pour en désigner l'ensemble.
[2] Les biologistes dénomment ce capital germen, terme grec lui aussi.
[3] Carles et Granger, L'Alchimie... p 104
[4] Dans son Tableau historique

du cycle : à ce terme ultime, chaque individu deviendrait immortel - et ne se reproduirait donc plus.

René Barjavel, dans son roman Le grand secret[1], imaginait pourtant la découverte fortuite par un savant du sérum procurant aux individus l'immortalité physique, mais en laissant subsister en eux l'aptitude génésique. Et les gouvernements du monde entier s'éfforçaient donc alors, tombés tous secrètement d'accord sur les mesures radicales discrètement adoptées, de tuer en douceur de la découverte, en cloitrant l'inventeur et tous ceux ayant déjà subi les effets du-dit sérum dans une petite île lointaine située dans les parages polaires de l'Alaska. Pourquoi donc ? Pour une raison bien évidente : la surpopulation du globe étant déjà de plus en plus à même de créer à plus ou moins long terme une situation catastrophique, qu'en serait-il si un nombre croissant d'individus aujourd'hui vivants devenaient tout d'un coups immortels, et demeuraient aptes à procréer, sans limitation automatique par l'âge de leurs facultés génésiques ? On courrait vite à une catastrophe apocalyptique... Ce danger n'existerait assurément pas dans les perspectives de l'immortalité alchimique : l'élixir de longue vie aurait la réputation certes d'exalter, au début tout au moins, les possibilités sexuelles de l'individu - mais sans danger (façon de parler), puisque le dit sujet se trouverait irrémédiablement stérilisé.

Il ne faudrait pas oublier de mentionner le fait que, si la science ne semble pas du tout prête (quoi qu'on en dise en science-fiction) à reconnaître la possibilité de découvrir bientôt le

---

[1] Paris (Perrin), 1972

secret de l'immortalité, il n'en est pas de même pour une espérance bien moins ambitieuse : celle de retarder le plus possible les conséquences physiques inéluctables du vieillissements ou d'en pallier les effets. D'où diverses méthodes de rajeunissement. Citons-en quelques exemples.

Tout d'abord le sérum Quinton[1], à base d'eau de mer - au principe tout à fait logique : le sérum physiologique des vertébrés n'a-t-il pas une composition voisine de celle de l'eau de mer ? Mais il faudrait parler aussi des implants cellulaires du professeur Niehans - grâce auxquelles le chancelier allemand Conrad Ademauer dut de connaître en pleine vitalité une nouvelle (et formidable) carrière politique à l'âge où le commun des mortels atteint d'ordinaire la triste charnière entre troisième et quatr!me âges... Il ne faudrait pas oublier le kh[3], découvert par la doctoresse roumaine Aslan, et qui joue le rôle déterminant dans ses cures de rajeunissement à Bucarest. Mais d'autres méthodes seraient à étudier aussi : le sérum Lakhovsky (à base de liqueur spermatique ayant subi une préparation spéciale), les greffes spectaculaires réalisées dans les années 20 par le docteur Serge Voronoff...

Revenons à la véritable immortalité corporelle. Dans les traditions et légendes (nous en verrons tout-à-l'heure au contraire l'autre face, merveilleuse), cette totale victoire sur le vieillissement et la mort apparaîtrait volontiers comme une réalisation magique sacrilège, voire franchement satanique.

---

[1] Du nom de son inventeur : l'éminent biologiste français René Quinton.

C'est particulièrement net dans les récits sinistres où nous voyons le sang de jeune victimes servir au monstrueux secret déclenchant le miracle du rajeunissement.

Il y a l'histoire - bien réelle malgré son allure de film d'épouvante[1] - de la comtesse Bathory, qui se rajeunissait par des bains complets dans le sang de ses jeunes victimes, saignées à blanc. Sacher-Masoch en a fait l'inquiétante héroïne - en modifiant son nom (comtesse Elisabeth Nadasky) dans sa remarquable nouvelle fantastique Eau de jouvence (1911)[2]. Donnons en l'essentiel, d'une écriture admirable :

"Puis il (le favori Ipolka) fit jouer un ressort. Avec un bruit de ferraille, le mur s'entrouvit, et une superbe femme, s'avança dans la chambre (...) Ipolkar empoigna le malheureux avec une force surhumaine. Il le souleva et le plaça entre les bras de la femme de fer, laquelle saisit et retint le fardeau (le corps du sacrifié) (...) Emmerich voyait son sang s'écouler lentement en ruisseaux de pourpre, au milieu des éclats de rires moqueurs d'Elisabeth et d'Ipolkar (...) Le bassin se remplissait à vue d'œil et déjà, la comtesse y trempait avec complaisance ses pieds nus, s'aprêtant à rejeter sa pelisse pour descendre dans les flots fumants[3] ..."

Chez la comtesse sanglante, alliance indissoluble entre son indicible cruauté et l'assouvissement magique "Tu sais le

---

[1] Valentine Penrose, Erzebet Bathory la comtesse sanglante (Paris, Mercure de France, 1962; réédité chez Pygmalion).
[2] Traduction française dans le recueil : La Vénus à la fourrure et autres nouvelles, préface et commentaires de Daniel Leuwers (Le Livre de Poche, 1975), p. 287-309.
[3] p. 307-308.

plaisir que j'éprouve à être cruelle. Cela date du temps où je commençais à perdre ma jeunesse. Avec elle, ma beauté commençait à s'évanouir. Un jour que je faisais décapiter un paysan révolté, je me tenais près de lui pendant qu'on lui tranchait le cou et son sang jaillit sur mes mains. Au bout de quelque temps je fis la surprenante découverte que les rides en avaient totalement disparu. Arva, ma vieille nourice, attribuant le phénomène au sang du décapité, lorsqu'un autre criminel fut condamné à mort, je fis couler son sang dans ce bassin et je m'y plongeai. Un mois plus tard, j'étais complètement rajeunie. Depuis lors, je me baigne chaque nuit de pleine lune dans du sang humain - Les jeunes filles qui te servaient ont donc vraiment été tuées ? - Oui, pour me procurer l'éternelle jeunesse, fit la comtesse froidement [1]".

Dans son <u>Joseph Balsamo</u>, Alexandre Dumas faisait allusion à ce ténébreux secret régénérateur du sang. Dumas père attribue au mystérieux mage Althotas[2], le vieux maître de Cagliostro, un terrible secret d'immortalité : périodiquement, il se rajeunit totalement grâce au sang d'une jeune victime sacrifiée. Le romancier imagine la scène, fort impressionnnate, où il tuera ainsi la jeune comtesse de Cagliostro - ce qui cause la perte d'Althotas Balsamo, fou de douleur, tuant celui-ci avant qu'il n'ai eu le temps de fabriquer la sanglante liqueur de jouvence. Il s'agit là d'une pure et simple invention de la plume romanesque d'Alexandre Dumas. Chacun sait en effet que la compagne du "Grand Cophte" partagera toute l'existence de ce dernier jusqu'à son procès à Rome devant le tribunal de l'inquisition. Après la

---

[1] Ibid, p. 306-307.
[2] On ne saura jamais son vrai nom

sentence, on pert sa trace; mais tout laisse entendre qu'elle aura terminé ses jours cloîtrée dans un couvent.

Dans son livre <u>Magie d'amour et magie noire au Thibet</u>[1], Alexandre David-Neel relatait - d'après l'époustouflant récit oral d'un jeune thibétain - le sinistre et répugnant secret par lequel un lama de la secte "noire" (<u>les Bönpas</u>) se rajeunissait périodiquement, et pouvait ainsi traverser victorieusement les siècles. De jeunes moines du monsatère, de leur propre gré, se sacrifiaient pour assurer sa monstrueuse survie : ils se laissaient à tour de rôle mourir dans un sombre sépulcre, en lequel les corps, s'accumulant au fil des ans, se putréfiaient. Le vieux lama-sorcier - accomplissant une sorte de prodigieuse magie homéopathique - absorbait périodiquement l'horrible jus, puisé à l'aide d'une cuiller dans la masse en pUtréfaction, mixture infâme, qui au lieu de l'empoisonner radicalement (comme ç'eut été le cas pour le commun des mortels), constituait au contraire pour lui un prodigieux élixir de jouvence.

Le caractère maudit, sacrilège du rajeunissement magique se trouve incarné dans la légende de Faust, ce thème littéraire et musical en or. N'est-ce pas après avoir accepté de signer un pacte avec Méphistophélès que le vieux docteur Faust, qui touchait au terme de son existence, pourra boire l'élixir lui rendant son corps juvénile, celui-là même qu'il possédait à vingt ans ?

Dans les traditions populaires, l'accès - supprêmment illicite - à l'immortalité corporelle se présentera volontiers comme tentation diabolique suprême, offrant totale et perdurante

---

[1] Paru chez Plon dans les années 20.

satisfaction aux désirs physiques les plus égoîstes. Le Malin offrirait sur un plateau, à celui acceptant de signer le pacte, pleine réalisation de ce phantasme prodigieux : retrouver le corps même que l'on possèdait à vingt ans, mais en conservant alors - gage assurée de jouissances durables - toute l'expérience accumulé au cours des années. "Si jeunesse savait, si vieillesse pouvait…"

Il existe d'autres légendes traditionnelles où, sans être directement considéré comme diabolique, le fait pour un être d'échapper au sort inéluctable des mortels se trouvera considéré non comme le bienfait suprême mais, tout au contraire, comme le sort le plus funeste qui se puisse rêver, la malédiction ultime.

Il y a, exemple significatif, cette légende maritime du <u>Hollandais volant</u>, voué à parcourir inlassablement toutes les mers, solitaire sur son vaisseau fantôme, jusqu'au jugement dernier - à moins qu'il ne puisse, par rencontre providentielle de l'amour d'une femme prédestinée, retrouver enfin la possibilité de mourir, de rompre le cercle infernal. En 1954, un très beau film (dans lequel James Mason et Ava Gardner jouaient les deux rôles principaux), <u>Pandora</u>, transposait le thème à l'époque moderne.

Bien connue également, la légende du juif errant, voué, pour avoir insulté à Jerusalem Jésus portant la croix, à parcourir le monde, sans trêve ni repos, sans pouvoir mourir, jusqu'au jugement dernier.

Mais il existe d'autres traditions. Citons la légende nordique ayant inspiré le scénario du film <u>Highlander</u> (1) en 1985, dont la vedette était Christophe Lambert. La voici donc : il existerait parmi les Vikings une très petite poignée d'hommes

détenteurs de l'immortalité. Mais un seul aura, traditionnellement, le droit de subsister, après un duel à mort au cours duquel, deux à deux, les "immortels" s'affronteront. Celui qui sera le tout dernier survivant du fabuleux combat
(1) "L'homme des hautes terres".
- Christophe Lambert l'incarne - aura conquis le droit final à conserver l'immortalité. Mais, par amour, il renoncera à ce privilège, acceptant - pour vivre avec la femme aimée sans avoir l'horreur de la voir vieillir et non lui - de connaître le sort commun de l'humanité : l'inexorable vieillissement et la mort. Dénouement qui n'était pas sans évoquer celui de <u>Zanoni</u>, le célèbre roman fantastique rosicrucien anglais de H. Bulwer Lytton[1]. On y voyait le héros renoncer, par ardent amour pour la femme aimée, au privilège de l'immortalité corporelle et accepter même le cruel sacrifice (l'action finale se déroule en France sous la Terreur, il montera sur l'échafaud).

Je me souviens d'une conversation vers la fin des années 60, à Paris, juste avant une conférence donnée au cercle "L'Homme et la Connaissance", alors dirigé par Suzanne Andre. Avec Georges Cattaui (décédé depuis) une conversation improvisée était trouvée aborder la fameuse tradition alchimique de l'élixir de longue vie. Cattaui m'avait déclaré qu'à ses yeux ce serait non pas bénédiction indicible mais véritable malédiction, sort infernal, que l'absence de la mort. Et je l'avais fort étonné en lui répliquant alors que, si l'on venait m'offrir - à condition certes que cela n'impliquât point un horrible sacrifice sanglant - de vivre

---

[1] Réédité aux Editions Aryana, Paris.

mille années de suite ici-bas avec le même corps exempt de vieillissement... j'accepterais d'emblée, sans la moindre hésitation !

L'immortalité ne serait assurément pas vécue de la même manière par tous ses bénéficiaires éventuels. Elle pourrait effectivement incarner les deux situations limites inverses, selon les attitudes personnelles.

Reportons-nous tout d'abord à la théologie catholique courante : après le jugement dernier, les élus commes les réprouvés connaîtront certes, les uns comme les autres, une immortaltié totale dans leur corps ressuscité[1] - mais la manière dont ils la vivront sera diamétralement opposée !

Au niveau de l'existence courante vécue ici-bas, il est aussi bien évident que tout dépendrait des joies souhaitées dans la vie présente[2] - et aussi d'une éventuelle capacité ou non de ne pas déboucher sur l'ennui, sur la triste satiété. En ce qui me concerne (je m'excuse pour cet aveu personnel), j'avoue que l'ennui pourrait chez moi - si l'immortalité m'était offerte - prendre des siècles avant de réussir à s'instaurer ! Les pays à visiter, les recherches à faire, et les livres à déguster[3], la gastronomie à savourer... Mais la position de Georges Cattaui s'expliquait aussi fort bien : n'y a-t-il pas, dans toutes les voies spirituelles, des humains ayant atteint un état intérieur très élevé de réalisation spirituelle correspondant et qui se trouveront toucher donc au détachement le plus total vis-à-vis des joies du

---

[1] Traditionnellement, "à l'âge du Christ" (33 ans).

[2] Et, là, tous les goûts sont dans la nature, comme dit le proverbe !

[3] Je me souviendrai toujours de cette confession de l'amirable Gaston Bachelard, que j'eus le privilège d'avoir comme maître à la Sorbonne : <u>Je me représente le paradis comme une immense bibliothèque</u>.

plan physique qu'il s'agisse certes de celles auxquelles on penserait trop volontiers. Mais même des jouissances se situant à un tout autre niveau ?

Pour ce qui concerne une éventuelle prolongation de l'existence plusieurs siècles durant, avec disparition du vieillissement et de la mort, il faudrait évidemment tenir compte de la motivation profonde du sujet qui en bénéficierait... Essayons une comparaison, bien trop facile certes mais pouvant quand même aider à mieux se repérer.

Imaginons le plus fantastique des gains au loto. Celui-ci sera le même pour trois gagnants successifs différents, mais ces derniers pourront être bien différents en fait. L'un l'emploierait pour des activités charitables, suprêmement altruistes; l'autre l'utiliserait au contraire - à ses risques et périls - pour assouvir son avidité sensuelle ou même ses vices cachés; alors qu'un autre, tout bonnement, s'en servirait pour s'assurer (et sans vouloir nuire à personne) la réalisation inespérée des rêves qui lui étaient les plus chers (un château, un voyage autour du monde, etc) Eh bien, pour les motivations régissant l'éventuelle réussite de l'immortalité corporelle, on retrouverait aussi trois catégories de situation personnelle !

La catégorie supérieure serait celle des grands missionnés, le comte de Saint-Germain et les autres, dont l'immortalité corporelle répond à des impératifs transcendants, à un déterminisme profond qui se situe indéniablement par delà l'assaut des jouissances égoïstes, au niveau d'une réalisation spirituelle qui dépasse les liens d'espace et de temps - mais avec quand même nécessité, pour ces êtres qui préfèreraient combien sans nul doute les plans supérieurs, d'agir corporellement sur ce monde-ci, d'une manière suivie, pour la réalisation du plan divin.

A l'extrême opposé, on trouverait au contraire des êtres recherchant à tout prix prolongation de leur intégrité corporelle pour jouir intensément et le plus longtemps possible, fût-ce aux dépens d'autrui, de toute la gamme savante des jouissances physiques.

Et ne pourrait-on pas trouver aussi l'équivalent du troisième gagnant, pour reprendre notre image facile ? Celui qui trouverait tout bonnement sa joie, comment dire ? à vivre l'évasion merveilleuse lui permettant de se construire, sans vouloir nuire à personne, son petit paradis personnel vécu ?

Il existe une forme particulièrement impressionnante et sinistre d'immortalité noire - elle a alimenté d'innombrables œuvres d'épouvante, dans les livres puis à l'écran (il suffit pour cela de songer aux si nombreuses adaptations successives du Dracula de Bram Stoker, avec toute leur gamme de suites et prolongements) - qui impressionne tout spécialement l'imagination : le vampirisme. Qu'est-ce qu'un vampire ? C'est la définition courante surgit sous notre plume - un mort qui, la nuit, sort de son tombeau pour aller se nourrir du sang de jeunes victimes. Grâce à ce vol de sang renouvelé sans trêve, le vampire évitera la putréfaction de son cadavre : si on ouvre le cerceuil, on trouverait au contraire le corps dans un état de conservation parfaite. Il sera chaud, semblera parisiblement dormir. Mais il se sera noué une véritable chaîne infernale : chaque victime mordue se trouverait inexorablement vouée - ainsi le veut la légende - à devenir à son tour vampire[1].

Comme toujours, les extrêmes se touchent : la conservation surnaturelle du cadavre après la mort ne serait pas seulement celle, sinistre, des vampires mais aussi le fait, à l'opposé, d'êtres - hommes ou femmes - parvenus à un degré exceptionnel d'élévation spirituelle. Aussi bien dans le catholicisme que dans les Eglises orientales, on trouve des cas spectaculaires de conservation intégrale du corps de saints ou saintes, qui demeurera non seulement dans un état de merveilleuse conservation mais restera indéfiniment tiède. Parfois, il n'y aura pas conservation totale du corps : la préservation ne touchera alors que le sang. Citons le cas bien connu de l'ampoule, à Naples, de Saint-Janvier, où le sang se liquéfie chaque année à la date fixée - si le miracle ne se produit pas lors d'une année, c'est signe de très mauvais augure, laissant présager une guerre ou autre calamité collective. Sur tous ces prodiges, le docteur Hubert Larcher avait écrit un livre remarquable, dont il faut profondémment regretter l'insuccès total hélas : <u>Le sang peut-il vaincre la mort</u> ?[2].

---

[1] Voyez, sur les vampires, les travaux classiques de Robert Ambelain (chez Robert Laffont), Tony Faivre (aux Editions du Terrain Vague), Ronald Villeneuve (J'ai lu, "L'Aventure mystérieuse) et Ornella Volta (chez J.J. Pauvert).
[2] Paris (Gallimard), 1955.

Robert Ambelain[1] imagine, pour expliquer la grande vague de vampirisme ayant sévi en Europe centrale et orientale sous la Renaissance et longtemps après encore, l'utilisation - sataniquement déviée - du prodigieux secret christique de l'immortalité (lequel avait permis l'apparition aux pélerins d'Emmaüs). Remarquons aussi que, dans <u>Dracula</u> de Bram Stoker[2] - ce véritable classique du genre (d'où sa fascination sans cesse renouvelée), où l'auteur incorporait toutes les connaissances qu'il avait pu glaner lors d'un long périple en Transylvanie - le vampirisme se trouve présenté comme rendant le corps immortel certes, mais à raison d'une véritable malédiction spirituelle. Lorsque se trouve pratiquée l'opération classique (le pieu enfoncé rituellement dans le cœur du vampire), le cadavre tomberait immédiatement en décomposition; mais cela entraînerait du même coup libération subite de l'âme, qui se trouvait enserrée sans recours à son sinistre véhicule physique immortalisé.

Alors qu'une momie, toute noircie et desséchée dans ses bandelettes, apparaît bien triste objet en fait (je parle de notre point de vue d'observateurs courants), comme une sorte de perfectionnement sinistre du simple cadavre[3], on a signalé çà et là des cas de conservation extraordinaire intégrale du corps - mais artificielle, non pas spontanée ou divine. Ce fut le cas lors de

---

[1] Dans son livre <u>Les vampires</u> (Robert Laffont, collection "Les portes de l'étrange", 1971).
[2] Voir l'excllente édition française réalisée par Tony Faivre (Verviers, Bibliothèque Marabout).
[3] Au surplus, le corps momifié a été préalablement vidé de ses viscères.

cette découverte à Rome[1], en 1485, sous la Voie Appienne, du corps de Tullia, fille de Cicéron : gisant dans un sarcophage de marbre depuis pas moins de dix-huit siècles déjà, la jeune semblait dormir paisiblement.

Il est une tradition suivant laquelle les techniques anciennes bien connues d'embaumement (celles utilisées dans l'Egypte antique ou d'autres civilisations) n'auraient constitué en fait que les formes dégénérées issues d'un art qui, dans un passé fabuleux fut peut-être l'un des secrets prodigieux des anciens Atlantes), aurait atteint une maîtrise telle que le corps n'aurait pas semblé mort, mais semblait paissiblement dormir. Cette technique aurait été conservée par quelques artisans privilégiés d'où ces découvertes occasionnelles comme celle du sépulcre caché de Tullia.

A un degré de plus, on pourrait certes se complaire à imaginer la possibilité de plonger un vivant dans un sommeil prolongé susceptible de durer pendant des siècles, le corps ne se trouvant nullement altéré - avec possibilité de réveiller le sujet, après ce si long intervalle funèbre.

C'est le thème du roman d'Yves Dartois : <u>La Romaine de Cimiez</u>[2]. L'auteur imaginait une découverte, dans les ruines de cette cité antique, d'un sarcophage abritant le corps, apparemment plongé dans un doux mais profond sommeil, d'une jeune fille. Elle n'était point du tout morte en fait et l'on parvenait bel et bien à la réveiller[3].

---

[1] Nous l'évoquions à propos des lampes perpétuelles (voir <u>supra</u>, chapitre II).

[2] Cité antique située au nord de Nice, dans l'actuel quartier de ce nom.

[3] Un thème analogue avait été traité, par un autre auteur français, dans le roman <u>Ita</u> (Editions Marabout) : un jeune égyptologue découvrait le corps endormi d'une princesse, qui se réveillait et dont il tombait amoureux.

Cela nous amènerait immanquablement à évoquer les travaux modernes sur l'hibernation artificielle. Il arrivera bel et bien un moment où cette tentative se trouvera portée à sa perfection, et où l'on pourra donc réveiller à volonté, à la date fixée, un être humain dont le corps aurait été naguère congelé à très basse température. Edmond About, dans son roman célèbre L'homme à l'oreille cassée, avait fort bien pressenti cette possibilité. Rappelons le thème de cette œuvre, écrite d'une plume alerte sous le Second Empire : lors du siège de Dantzig en 1813 par les troupes des coalisés, un colonel de la Grande Armée, Fougas, se trouve congelé par l'exposition brusque puis durable à une température glaciale sans précédent. Vingt années plus tard, son corps, merveilleusement conservé, se trouvera réchauffé puis réveillé par deux savants allemands, et le colonel Fougas reviendra donc à Paris - mais (d'où une série de mésaventures tragi-comiques) en croyant toujours (il a conservé totalement son ancien âge physique) que règnent en France coutumes et situations connues vingt années auparavant, date de sa congelation soudaine.

Il s'est fondé, aux Etats-Unis tout d'abord puis avec filiales en d'autres pays, une Cryogenics Society, "Société de cryogénie".

Voici la possibilité qu'elle offre : le corps d'un défunt se trouvera mis en état d'hibernation, par plongée intégrale dans une capsule étanche remplie d'un liquide chimique à très basse température (c'est le procédé appelé cryogénisation). A la date précisée dans les intentions du défunt : dix ans, vingt ans, cinquante ans ou davantage encore, ..., on ouvrira le cerceuil et l'on réchauffera le corps, en espérant le ranimer.

Pourquoi donc ? Parce qu'à ce moment-là les méthodes thérapeutiques seront censées avoir progressé d'une manière telle que l'on pourra guérir la maladie incurable ou les blessures auxquelles le sujet avait succombé. Si ce n'était pas le cas, on diffèrerait l'ouverture du sépulcre jusqu'à un nouvel intervalle. Parmi les tout premiers bénéficiaires de ces funérailles très "science-fiction", il y eut le merveilleux Walt Disney. Souhaitons-lui de ressusciter !...

Mais revenons, après ces longs détours qui n'étaient pourtant point inutiles (estimons-nous) à l'immortalité telle qu'elle se trouve tout spécialement caractérisée dans la tradition alchimique.

L'adepte immortel le plus célèbre demeure évidemment, tout au moins en Occident, Monsieur de Saint-Germain en personne. On le verra apparaître à Londres en 1743[1], mais c'est dans le cercle des intimes de Louis XV qu'il défraiera le plus la chronique. Citons le témoignage de la marquise de Ponpadour : "Le Comte paraissait avoir cinquante ans; il avait l'air fin, spirituel, était mis très simplement, mais avec goût. Il portait aux doigts de très beaux diamants ainsi qu'à sa tabatière et à sa montre". Madame du Hausset, femme de chambre de Madame de Pompadour, raconte diverses anecdotes fascinantes. Celle-ci, par exemple : Louis XV, auquel le Comte s'était vanté de connaître

---

[1] Horace Walpole écrivait en 1745 : "Il est là à Londres depuis deux ans et se refuse à dire qui il est, d'où il vient, mais il admet qu'il ne porte pas son nom".

un secret[1] permettant de faire disparaître les taches des diamants, le mettra à l'épreuve en le chargeant un jour d'épurer un diamant estimé à 6.000 livres mais qui en vaudrait largement 10.000 sans sa fâcheuse tache. L'adepte tiendra parole : "Un mois après, relate Madame du Hausset, il rapporta le diamant enveloppé dans une toile d'amiante. La tache avait disparu. On le pesa. La différence était à peine sensible". Et elle ajoutait : "A une question (de Louis XV) s'il savait fondre plusieurs petits diamants en un seul (...) il ne répondit ni oui ni non, mais il affirma savoir faire grossir les perles et leur donner la plus belle eau. La perle étant causée par une maladie de l'huitre, il prétendait aussi connaître la façon de provoquer cette maladie."

Louis XV mettra à la disposition du Comte un appartement au château de Chambord.

Précisons que Saint-Germain n'avait aucun lien de parenté avec l'illustre famille française de ce nom, qui donnera à Louis XVI l'un des meilleurs ministres de la guerre qu'ait connu l'ancien régime[2]. Le vocable dont se parait volontiers l'alchimiste[3] était un nom initiatique. Il déclarera un jour au landgrave de Hesse (l'un de ses plus fidèles admirateurs sous l'autre règne français) : "Je me nomme Sanctus germanus, le "saint-frère". Le mot frère, devant évidemment être pris dans son

---

[1] Outre celui de faire grossir les pierres précieuses.

[2] La famille ne s'est pas éteinte. Je me souviens, étudiant à Londres en 1952, y avoir fait renouveler mon passeport - et ma prolongation fut signée : Olivier de Saint-Germain

[3] Mais il utilisera plusieurs autres noms : prince Rakoczy, Comte Soltikov, Monsieur de Surmont, etc. Voir : Paul Chacornac, Le Comte de Saint-Germain (Editions Traditionnelles) - Moura et Louvet, Saint-Germain le Rose-croix immortel, (j'ai lu).

sens initiatique (comme dans la franc-maçonnerie) et non dans la connotation familiale du terme.

Le Comte de Saint-Germain serait mort le 27 février 1784, dans les bras du landgrave de Hesse-Cassel.

Ce n'était visiblement qu'une mort simulée : le 15 février 1785, ne participait-il pas à l'importante assemblée générale (<u>convent</u>) maçonnique qui se tenait alors à Paris ?

Et un alchimiste vivant dans le Paris d'alors, Aliette (plus connu sous son pseudonyme inversé Etteila[1], le connaître fort bien. Voici le jugement qu'il porte sur le Maître illustre dont il était disciple : "Monsieur de Saint-Germain réunit en lui la connaissance parfaite de l'esprit des sciences humaines[2].

Le Comte sera aussi un familier du duc de Penthièvre et de sa belle-fille, l'infortunée princesse de Lamballe, à laquelle il apparaîtra lors de sa fin tragique, à la porte de la prison de la Force, où l'attendaient les massacreurs.

Parmi les traits signalés à propos du comportement de Saint-Germain, il en est un sur lequel s'accordent tous les témoins : on ne le voyait jamais manger. Invité à un repas, il ne touchait pas aux aliments et se contentait d'animer la conversation. C'est là un point qui présente son importance : suivant la tradition alchimique, l'élixir de longue vie permettrait à l'adepte de n'avoir plus besoin de s'alimenter.

---

[1] On lui doit le Tarot qui porte son nom.
[2] <u>Les sept nuances de l'œuvre philosophique hermétique</u>.

A Vienne, en 1687, apparaissait un certain <u>signor</u> Geraldi[1] dont la description ressemblait singulièrement à celle qui accompagnera le Comte de Saint-Germain. Après avoir étonné les viennois trois années durant, le mystérieux personnage disparut tout d'un coup. Mais, peu après (vers 1700), un autre mystérieux alchimiste, Lascaris, qui se disait archimandriste de l'Eglise orientale, défraiera la chronique plusieurs années durant. Il disparaîtra entre 1730 et 1740, peu de temps avant le surgissement de Saint-Germain dans la capitale anglaise. Et Jacques Sadoul n'hésite pas à conclure : "Les descriptions physiques des trois hommes (Geraldi, Lascaris et Saint-Germain) sont extrêment proches; tous trois étaient de taille moyenne, d'âge moyen, connaissant de nombreuses langues, aimant par-dessus tout à parler, tous trois semblaient en possession de la Pierre philosophale[2]".

Mais il n'y a pas que le Comte de Saint-Germain qui aurait, suivant la tradition, conquis l'immortalité. Cela vaudrait aussi pour le fameux alchimiste parisien Nicolas Flamel[3]; pas seulement lui, puisque sa fidèle compagne, Dame Pernelle, aurait bénéficié du même fantastique privilège.

---

[1] Identique, pensons-nous, à un <u>signor</u> Gualdi qui, à la même période, résidant à Venise sur le Grand Canal.

[2] <u>Le trésor des alchimistes</u>, p. 262.

[3] Il était certes né à Pontoise mais sa vie s'écoulera presque tout entière dans la capitale du royaume, où il s'était établi très tôt.

Cela vaut la peine de citer en détail le témoignage d'un voyageur, Paul Lucas, qui effectuera en 1701 un périple en Asie mineure au service du roi de France :

"A Bournous-Bachi (en Anatolie), ayant eu un entretien avec le dervis[1] des Usbecs sur la philosophie hermétique, ce levantin me dit que les vrais philosophes possédaient le secret de prolonger jusqu'à mille ans le terme de leur existence et de se préserver de toutes les maladies. Enfin je lui parlai de l'illustre Flamel et je lui dis que, malgré la pierre philosophale, il était mort dans toutes les formes. A ce nom il se mit à rire de ma simplicité. Comme j'avais presque commencé à le croire sur le reste, j'étais extrêment étonné de le voir douter de ce que j'avançais. S'étant aperçu de ma surprise, il me demanda sur le même ton si j'étais assez bon pour croire que Flamel fût mort. <u>Non, non, me dit-il, vous vous trompez, Flamel est vivant; ni lui ni sa femme ne savent encore ce que c'est que la mort. Il n'y a pas trois ans que je les ai laissés l'un et l'autre aux Indes, et c'est un de mes plus fidèles amis</u>".

Le derviche donnera plus tard de nouvelles précisions au voyageur français : "Flamel vit bien qu'on finirait par l'arrêter, dès qu'il serait soupçonné d'avoir la Pierre philosophale, et il y avait peu d'apparences qu'on fût encore longtemps sans lui attribuer cette science, après l'éclat qu'avaient produit ses largesses. Il trouva le moyen de fuir la persécution en faisant publier sa mort et celle de sa femme. Par ses conseils, elle feignit une maladie qui eut son cours, et lorsqu'on la dit morte, elle était en Suisse où elle avait l'ordre de l'attendre. On enterra en sa

---

[1] Derviche (membre d'une confrérie musulmane de soufis).

place un morceau de bois et ses habits, et, pour ne point manquer au cérémonial, ce fut dans l'une des chapelles qu'elle avait fait bâtir. Ensuite, il eut recours au même stratagème et, comme tout se fait pour de l'argent, il n'eut point de peine à gagner les médecins et les gens d'Eglise. Il laissa un testament dans lequel il reconnanda qu'on l'enterrât avec sa femme et qu'on élevât une pyramide sur leur sépulture; et pendant que ce vrai sage était en chemin pour aller rejoindre sa femme, un second morceau de bois fut enterré à sa plcae. Depuis ce temps, l'un et l'autre ont mené une vie très philosophique, tantôt dans un pays, tantôt dans l'autre. Telle est la véritable histoire de Nicolas Flamel".

Quant au derviche, c'était lui aussi un adepte. Terminons-en avec le témoignage de Paul Lucas :

"A le voir (le derviche), on ne lui aurait pas donné plus de trente ans, mais à ses discours, il paraissait avoir déjà vécu plus d'un siècle (...) Il me conta qu'ils étaient sept amis qui couraient ainsi le monde dans l'intention de devenir parfaits; qu'en se quittant, il se donnaient rendez-vous dans quelque ville pour vingt ans après; et que le premiers arrivés ne manquaient pas d'y attendre les autres".

Flamel en personne n'aura-t-il pas l'occasion, vers 1730, de rendre visite à Monsieur Desalleurs, ambassadeur de France auprès de la Sublime Porte ?

Vers 1760, Nicolas Flamel et Pernelle auraient été aperçus à Paris. Amans-Alexis Monteil, dans son <u>Histoire des Français des Divers Etats</u>, nous donne ainsi le témoignage d'un vieux clerc tonsuré, Messire Martel. Le récit semblerait, à notre avis, avoir un sens initiatique sous-jacent. On voit en effet Messire Martel rencontrer, dans le vieux quartier parisien des Innocents, un inconnu qui, après lui avoir obscurci la vue, lui fait effectuer en aveugle une descente mystérieuse :

"... enfin nous entrons dans une maison, nous descendons un escalier à vis, nous suivons une allée en pente. Nous arrivons devant une porte de fer que je jugeai telle au bruit qu'elle fit en s'ouvrant et en se fermant; nous en passons une seconde, une troisième : j'en comptai sept[1]. Nous fîmes encore quelques pas; je sentais une grande chaleur au visage j'entendaits un épouvantable sifflement de forges. Mon conducteur m'ôte la cornette de dessus les yeux. Je me trouve comme tombé dans une vaste salle voûtée en pierre dont l'interieur était éclairé par la bouche enflammé d'une fournaise. Non loin, un homme, habillé comme les personnages peints sur les vieux murs des cathédrales, lisait dans un livre de parchemin posé sur un énorme soufflet. (...). Or ça, dit alors Flamel à ceux qui l'entouraient, ce garçon me plaît, il est franc, il est simple, il est surtout curieux, il désire plus devenir savant que devenir riche, qualité indispensable pour posséder la poudre verte ou poudre de transparence universelle[2]".

Mais il existe d'autres alchimistes occidentaux auxquels la tradition prête l'atteinte fabuleuse de l'immortalité.

L'une des plus touchantes est sans doute celle-ci : le moine Roger Bacon, après ses interminales années d'incarcération, n'aurait pas connu la mort-après les quelques années qui lui restaient à vivre. Il aurait utilisé l'elixir de longue

---

[1] Notation significative : sept portes à franchir !
[2] Cité par Léo Larguier (Le faiseur d'or Nicolas Flamel, p. 177-78).

vie pour échapper à la mort mais, pour ne pas être seul, il aurait fait partager son immortalité à un fidèle compagnon - son chien.

Des traditions analogues d'immortalité concernent aussi le mystérieux Irénée Philalethe, jeune ami de Newton et qui - comme tous les adeptes - disparut un jour mystérieusement de la scène, mais pour réapparaître ailleurs sous un autre nom.

En plein 20ème siècle, on trouverait la mystérieuse disparition, en 1938 (après son plein succès dans l'ultime phase du grand œuvre) de Fulcanelli[1] - mais que son fidèle disciple Eugène Canseliet rencontrera à l'improviste quarante années plus tard. Et il fera cette confession étonnante : <u>Le Maître était devenu plus jeune que le disciple</u>.

Eugène Canseliet écrivait dans sa préface à la première édition (1926) du <u>Mystère des cathédrales de Fulcanelli</u> : "…s'il m'arrivait aujourd'hui l'heureux évènement (la réussite victorieuse du grand œuvre) qui contraignit l'adepte (Fulcanelli) à fuir les hommages du monde, je n'agirais pas autrement".

Malheureusement, il semble patent que Canseliet soit mort, que ses obsèques n'aient donc pas été simulées hélas. D'après le témoignage d'un ami commun, André Savoret, il aurait bel et bien pu aller - comme son maître - jusqu'au bout de la réalisation alchimique. Pourquoi ne le fit-il pas ? Pourquoi n'alla-t-il pas jusqu'à cette réussite finale, qui lui eut conféré l'immortalité ? Il ne nous appartient pas, cela va de soi, de prétendre sonder les consciences…

---

[1] Voir <u>supra</u>, chapitre II, pour le problème de son identité probable.

Mais les mêmes traditions de conquêtes de l'immortalité se retrouveraient dans l'alchimie taoïste chinoise, ainsi que dans les traditions tantriques de l'Inde et d'Asie centrale.

Nous ne citerons qu'une fort belle tradition chinoise[1] Wei Po Yang, grand alchimiste chinois du second siècle avant notre ère, part dans la montagne - accompagné de trois disciples et de son fidèle chien blanc - pour y fabriquer la potion d'immortalité. Le Maître l'absorbe, en donne à son chien; le premier disciple accepte de la boire mais les deux autres hésitent, préfèrent attendre. Ils s'aperçoivent qu'ils ont agi, semble-t-il, fort sagement puisque, tour à tour, Wei Po Yang, son chien et le premier disciple tombent raides morts. Ils s'en retournent donc en se faisant la promesse de revenir sur les lieux pour ensevelir les corps. Sur ces entrefaites, le Maître ressuscite; puis le voici réveillant son fidèle disciple et son chien. Et les deux élèves qui avaient douté recevront une lettre, où le Maître et son disciple obéissant les remerciaient de leur intention de revenir dans la montagne pour y procéder à des funérailles convenables. Les deux disciples se trouvèrent inondés de confusion et de regret en lisant cette lettre. Mais jamais ils ne revirent Wei Po Yang, son élève fidèle et son chien blanc...

En tradition taoïste, on trouve l'existence - au cœur des mers lointaines situées à l'est de la Chine - d'îles merveilleuses, celles où résident les <u>Immortels</u>, ces personnages fabuleux mais réels qui, comme leur désignation précise l'indique, ont

---

[1] Lu'Chiang-Wy et T.L. Davis, <u>A chinese treatise on alchimy</u> (revue <u>Isis</u>, vol. XVIII, n°2, 1932).

découvert le prodigieux secret d'une victoire humaine totale sur le vieillissement et la mort.

Le thème du merveilleux pays de l'immortalité, où vieillesse et mort sont absentes, tisse un thème folklorique vraiment universel : on le rencontre partout, à toutes les époques.

En Chaldée, il y aurait - légende fort belle et profonde - la vaste épopée de Gilgamesh, le héros parti justement à la recherche du secret de l'immortalité. Il finira par découvrir la semence de vie dans une plante existant au fond de l'océan. On voit ici comment un récit concret mais fabuleux s'articule à une symbolique ancestrale : n'est-ce pas au cœur même de la mer, de l'océan, que put surgir la vie, dans le plus insondable passé ?

Tournons-nous vers la Grèce antique : on y trouve cette superbe légende de la fontaine de jouvence; aux vertus si tentantes. C'est à vrai dire un thème folklorique que l'on retrouverait un peu partout, à diverses époques. Parmi les billets de banque suisses des années 40-50, l'un d'eux ne représentait-il pas cette légendaire <u>fontaine de jouvence</u>, dont l'eau changeait en radieuses créatures les vieilles chenues ? Aussi fantastique que cela puisse sembler, il existe bel et bien des sites où une source réelle se trouve traditionnellement qualifiée de <u>fontaine de jouvence</u>. C'est le cas en Bretagne, dans la forêt de Brocéliande, associée au souvenir émerveillé de l'enchanteur Merlin, des chevaliers de la Table ronde et du roi Arthur. La vertu rajeunissante de cette eau[1] n'est hélas qu'une légende : avec d'autres amis, j'eus l'occasion d'en boire une gorgée lors d'une

---

[1] Elle est épaisse, plutôt boueuse.

excursion dans la forêt de Brocéliande sans rien constater de spécial !

Lors de la découverte du Nouveau Monde, les Espagnols seront fascinés par une légende indienne qui, elle, localisait la fontaine de jouvence dans les Caraïbes. C'est en la recherchant sans trêve que le conquistador Ponce de Léon découvrira ces terres tropicales magnifiques au demeurant : Porto-Rico, la Floride...

A un degré moindre, on rencontrerait les traditions suivant lesquelles il existerait des régions où le temps s'écoulerait à un rythme plus lent que dans tous les autres territoires habités.

Il y a cette légende, utilisée par James Hilton dans son célèbre roman <u>Horizons perdus</u>, et qui devait inspirer deux adaptations cinématographiques célèbres : la lamaserie de Shangrila, située dans une région montagneuse où le temps s'écoule beaucoup plus lentement que dans les régions normales. C'est ainsi que la jeune femme qui, par amour, quittera la lamaserie avec l'étranger qui repart vers son pays vieillira, une fois quittée la montagne magique, au rythme humain normal; en quelques mois elle sera donc devenue une femme décrépite, et mourra piteusement, au désespoir de son amant.

On trouverait un thème analogue traité dans <u>Tarzan et le secret de la jeunesse</u> d'Edgard Rice Burroughs : dans ce volume de la série des aventures du "Roi de la Jungle", le secret de la jeunesse était attaché à l'eau d'une source (on retrouve donc le mythe de la fontaine de jouvence) - mais le rajeunissement cessera d'avoir effet dès que l'homme aura posé les pieds en dehors du territoire préservé.

Sur le plan cyclologique, la quête de l'immortalité s'insérerait tout naturellement dans la structure - mythique et concrète tout à la fois de la lancinante nostalgie d'un Paradis perdu. L'immortalité ne figurait-elle pas parmi les privilèges que possédait Adam avant la chute originelle ?

Cette notion du chute - mais cela nous entraînerait dans toutes sortes de perspectives mythiques - se trouve d'ailleurs lourdement chargée d'ambivalence. Le Serpent de la Genèse n'avait-il pas promis au couple d'Adam et Eve de devenir comme des dieux ? Et l'un des privilèges des dieux et déesses antiques n'était-il pas l'immortalité ? Dans la mythologie, les divinités sont dites : les Immortels. On pourrait aussi esquisser une significatif parallèle entre Lucifer, "Porte-Lumière" (tel était le sens du nom latin donné à l'ange déchu) et le titan Prométhée, châtié pour avoir apporté aux hommes le Feu - dont les dieux s'étaient réservés l'usage.

Ko Hong[1] , alchimiste chinois du quatrième siècle de notre ère, systématisait ainsi la grande recherche de l'immortalité alchimique : "Comment, alors, est-ce possible pour nous, humains de trouver une méthode qui donnera la constante jeunesse à ceux qui pourront faire de l'or; comment est-ce possible de faire revivre ceux qui sont morts ? "Car, en alchimie taoïste, se trouve même envisagée la possibilité thaumaturgique la plus hardie : vouloir ressusciter les morts.

---

[1] ou Houng, suivant l'autre transcription possible.

D'un point de vue pratique, le problème de la conquête alchimique de l'immortalité devrait s'articuler d'une manière précise : quels sont donc les secrets qu'il s'agirait de mettre en action afin de parvenir à vaincre vieillissement et mort ? Quels sont les procédés utilisés ? Comment agissent-ils ?

Pour régénérer les cellules de l'organisme, il s'agira de parvenir à fabriquer l'<u>élixir de longue vie</u>.
Mais, comment celui-ci serait-il suceptible d'agir sur le corps de l'adepte ?
Bernard Husson avait retrouvé, au début des années 70, une relation bien curieuse, transcrite par un médecin, dans une collection de papiers de famille inédits. Elle relatait un évènement tout-à-fait extraordinaire[1] survenu à Paris au début du 17ème siècle. Le conseiller d'état Saint-Clair Turgot avait une liaison avec une demoiselle qui le venait visiter. Durant sa longue visite, l'écuyer de celle-ci, un vieil homme appelé Maître Arnaud, l'attendait chez l'apothicaire, dont l'officine était proche. Celui-ci s'occupait depuis longtemps d'expériences alchimiques. Un beau jour, il déclara triomphalement à Maître Arnaud, avec qui il aimait tant bavarder, qu'il était enfin parvenu au but. Et d'exhiber à l'écuyer un petit flacon rempli, dit-il, d'une potion de <u>médecine universelle</u>. Là-dessus, il vida d'un trait presque toute la fiole alors qu'Arnaud, auquel il avait généreusement proposé d'en boire le premier, s'était contenté d'en prendre quelques gouttes. Là-dessus, catastrophe : l'apothicaire tombe raide mort; quant au vieil homme, il voit se déclencher en lui des symptômes bien

---

[1] Jacques Sadoul, <u>Le trésor des alchimistes</u> (réédition J'ai lu), p. 41-43.

alarmants : des sueurs froides, bientôt suivies d'une fièvre intense. Il rentre donc en hâte se coucher. Et ce fut alors bien pis : ses cheveux, ses ongles, ses dents se mirent à tomber. Mais, quelques jours plus tard... ceux-ci repoussaient. Qui plus est, Maître Arnaud totalement rétabli, se montrait inondé de vitalité, semblait rajeuni tout d'un coup d'une manière spectaculaire. Le conseiller Saint-Clair Turgot, ayant appris l'histoire, et se doutant (il s'était lui-même beaucoup intéressé à l'alchimie) qu'il s'agissait effectivement de la merveilleuse <u>médecine universelle</u>, rachetait immédiatement, pour 100.000 livres, tout le contenu de l'officine de l'apothicaire. Malheureusement la petite fiole montrée à Maître Arnaud étant sans étiquette et, dans les réserves de la boutique, on trouva des centaines de flacons simmilaires de la même taille et remplis de liquides de nuances très voisines, tous sans étiquette. Non seulement rechercher les quelques-uns susceptibles de contenir l'élixir de longue vie eut été comme découvrir l'aiguille cachée dans une meule de foin mais essayer un à un, à l'aventure, le contenu de ces innombrables flacons risquait de se révéler fatal à l'imprudent. L'occasion fabuleuse était hélas manquée ! Le médecin qui avait noté l'affaire quelques années après précisera qu'"au moment ou il rédigeait son mémoire, l'écuyer était toujours très vert, malgré ses cent vingt-trois ans[1]..."

Dans le <u>Cathéchisme de la Maçonnerie égyptienne</u> de Cagliostro[2], on trouve un long passage qui confirmerait pleinement ce mode spectaculaire d'action lors du rajeunissement alchimique. Cagliostro donnait la marche à suivre par celui

---

[1] J. Sadoul, op.cit., p. 43.
[2] Publié par Marc Haven (réédition aux Editions des Cahiers astrologique).

désireux de passer par cette régénération corporelle, opération devant se renouveler tous les cinquante ans. Il faudra faire retraite dans un lieu retiré, en la seule compagnie d'un ami sûr. L'absorption de l'élixir - sous forme de gouttes et de grains à dissoudre - aura des effets d'une violence extrême. Le patient devra se coucher : très forte poussée de fièvre, chute brutale des cheveux, des ongles et des dents; desquamation intégrale de la peau par plaques. Mais, quelques jours après, ce sera la régénération physique, tout aussi spectaculaire : repousse des cheveux, des dents et des ongles : régénération totale du tissu cutané.

D'autres textes permettent de compléter ce tableau des impressionnantes manifestations que nous avons relatées (perte brusque puis repousse des cheveux, ongles et dents; fièvre soudaine et violente, traduisant en fait un processus l'élimination subite et violente de toutes les toxines corporelles). La Pierre philosophale exaltera, tout au moins au début, la puissance sexuelle, mais avec disparition de toute possibilité de procréation. Cela suffirait donc à éliminer d'emblée le témoignage suivant lequel, en l'an 1761, on aurait vu lors d'une soirée à l'Opéra de Paris, Nicolas Flamel, Dame Pernelle et <u>un fils qu'ils ont eu aux Indes</u>.

La Pierre philosophale, pour revenir à ses effets, décuple aussi les facultés psychiques, l'intuition. Elle met l'adepte à même d'accéder à la connaissance.

D'autre part, en ce qui concerne les effets corporels, les éliminations ne s'effectueront plus désormais que par sudation. Et l'alchimiste - s'il pourra encore absorber de la nourriture (mais cela ne lui sera plus nécessaire) - n'aura pas besoin de manger.

L'un des traits de comportement rapportés au sujet du Comte de Saint-Germain n'était-il pas, justement, de ne jamais l'avoir vu ne serait-ce que goûter d'un plat aux repas auxquels il se trouvait invité, et qu'il honorait en revanche de sa conversation si éblouissante ?

Sous toutes réserves, nous rapporterons une anecdote relatée par un ami en 1961, et qui avouait avoir rencontré Saint-Germain (toujours identique à lui-même, mais ayant sacrifié à la mode du jour en adoptant le complet sport et en portant désormais la barbe en collier) dans un salon parisien, et que l'Immortel avait quand même pris une tasse de thé (mais pas de petits gâteaux), en affirmant que c'était, et très occasionnellement, la seule entorse qu'il se permettait à ses habitudes de jeûne perpétuel. Mais nous retrouverions à nouveau le très fascinant et troublant problème de la survie actuelle du comte de Saint-Germain. Il est de fait que s'il est bien facile de hausser les épaules en concluant à la mystification ou à l'imposture, il y a quand même des témoignages émanant de personnages d'entière bonne foi, cultivées et d'un remarquable équilibre mental. Comme au 18ème siècle, on constaterait - du moins s'il faut en croire les dits témoignages (et, insistons-y, ils viennent de personnes différentes et qui n'avaient eu nulle possibilité de se concerter au préalable afin de comploter une mystification) - l'étonnante présence de Saint-Germain en divers lieux : Paris, Venise, Londres, Moscou, Rome, l'Asie centrale, la Chine, les Etats-Unis, les Andes... Il faudrait citer l'histoire, qui connut le succès, de l'aviateur américain servant dans le corps aérien américain combattant les japonais en Chine, et dont l'appareil s'était écrasé au Thibet. Miraculeusement épargné, il s'en était tiré avec de graves blessures, dont il avait été longuement soigné dans une lamaserie. Et, parmi les moines, il se trouvait un Européen, en costume de gentilhomme du 18ème siècle, et qui lui avoua n'être autre que le Comte de Saint-Germain !

Il y a plus étonnant encore : Saint-Germain aurait, durant cette seconde guerre mondiale, fait partie des services de renseignement alliés, sous le pseudonyme indien[1] de <u>Commandant Patanjali</u>. A vrai dire, n'avait-on pas déjà vu, au 18ème siècle, le Saint-Germain historique avoir des activités au niveau disons le plus discret, et qui touchèrent même aux coulisses de la haute politique[2] ?

En 1971 - information donnée évidemment sous toutes réserves, cela va sans dire ! - Saint-Germain aurait présidé à Paris une réunion secrète des responsables maçonniques internationaux du niveau le plus élevé.

Parmi les personnalités contemporaines ayant témoigné avoir rencontré l'Immortel, il n'y aurait pas que des occultistes, théosophes ou convaincus des traditions secrètes. Par exemple Giovanni Papini[3], dans les souvenirs personnels contenus dans son ouvrage <u>Gog</u>, relatait sa rencontre - suivie d'une longue conversation - avec Saint-Germain sur un paquebot, au début de l'entre-deux guerres mondiales.

---

[1] Celui de l'auteur sacré auquel sont attribué les <u>Aphorismes</u> du Yoga.

[2] C'est même Saint-Germain qui, sous le nom de comte Soltikov, avait orchestré le coup d'état de la future impératrice Catherine II et de son favori : la déposition de son époux le tsar Pierre III.

[3] L'écrivain catholique dont le livre <u>Le diable</u> (traduction française chez Flamarrion, en 1954) - qui soutenait la doctrine d'une réconciliation finale de Satan avec Dieu - avait fait scandale dans les années 50.

Après cette digression sur le Comte de Saint-Germain au 20ème siècle, revenons au vif du sujet : l'elixir d'immortalité qu'était-il donc ?

Justement, Saint-Germain (encore lui) n'en avait-il pas exhibé une fiole sous les yeux de Casanova, qui lui rendait visite à Tournai, ville flamande où séjournait l'Immortel ?
Voici le témoignage de l'aventurier, dans ses <u>Mémoires</u> :

"C'était une liqueur blanche contenue dans une fiole bien bouchée. M'ayant dit que cette liqueur était l'esprit universel de la nature et que la preuve en était que cet esprit sortirait à l'instant de la fiole si l'on piquait le plus légèrement possible la cire avec une épingle, je le priai de m'en faire voir l'expérience. Il me donna une fiole et une épingle. Je perçai doucement la cire et en effet, la fiole s'est entièrement vidée. - C'est superbe, lui dis-je, mais à quoi bon tout cela ? - C'est ce que je ne puis pas vous dire. C'est mon secret".

Les témoignages varient au sujet de la quantité nécessaire, mais il est toujours insisté sur l'extrême prudence à observer dans la quantité employée : la dilution de la Pierre philosophale devrait être faite et absorbée à dose homéopathique. Souvenons-nous de ce qui survient à l'apothicaire qui, se conduisant à la manière des malades naïfs qui croient décupler et accélérer l'efficacité d'un remède en augmentant considérablement les doses prescrites par le médecin (estimées trop petites pour agir), vida sur le coup une fiole presque entière de la liqueur de rajeunissement... et qui en tomba raide mort.

Mais, outre l'absorption initiale, il s'avérerait nécessaire de recommencer occasionnellement (deux fois par an suivant certains auteurs, tous les cinquante ans d'après le secret donné par Cagliostro).

La préparation se trouve décrite d'une manière qui pourra varier : une poudre ou des gouttes à verser dans l'eau, une préparation directement liquide.

Pour les raffinés, il existerait même une préparation obtenue par dissolution de la pierre philosophale dans un flacon de bon et vieux vin. Moyen fort plaisant, on le voit, d'absorber un élixir capable de prolonger notre existence plusieurs siècles durant !

Mais il s'imposerait de préciser ce qu'est exactement cette variété de l'élixir de longue vie qualifié d'<u>or potable</u>. Il est bien évident que l'absorption d'une pure et simple liquéfaction du précieux métal n'aurait pour effet que d'enduire de plaqué or les parois de l'estomac. Non seulement cela n'aurait guère d'effet positif concevable mais les conséquences pourraient en être fort dangereuses pour le patient[1]. L'or peut certes être utilisé médicalement, mais d'une manière indirecte : sous forme de sels. Signalons pourtant, pour mémoire, la tradition (reprise par Gustav Meyrink dans sa nouvelle <u>Le cardinal Mapellus</u>) suivant laquelle existerait au Tyrol une société secrète d'avaleurs de mercure !

Pour ce qui concerne l'<u>or potable</u>, l'ironie du sort veut ... qu'il ne contienne pas un gramme d'or. Fulcanelli le précisait en effet fort bien : "<u>La Médecine Universelle</u>, soluble dans toute liqueur spiritueuse (...) prend le nom d'<u>Or potable</u> (bien qu'elle

---

[1] De même que l'absorption de mercure directement sous sa forme métallique pourrait avoir une issue fatale (par exemple en suscitant des perforations). Le mercure ne peut être absorbé que sous une forme dérivée et mélangée (dans le calomel par exemple).

ne contienne pas le moindre atome d'or), parce qu'elle affecte une magnifique couleur jaune[1]".

L'alchimiste chinois Tchang Po Tuan, écrivait : "...l'élixir que l'adepte distille en lui provoque la fusion de toutes choses en l'Un. Alors se forme en lui l'immortel enfançon, resplendissant comme la fleur d'or au soleil de l'esprit". Et, parmi les exercices secrets de l'initiés taoïstes, on trouve toute une technique de respiration en circuit fermé, <u>à la manière de l'embryon dans la matrice</u>.

Dans le fameux <u>Matin des magiciens</u> de Louis Pauwels et Jacques Bergier[2], on trouve l'interview d'un alchimiste moderne, que Bergier laissa libre de s'exprimer à lui en toute franchise, avec totale assurance de nulle modification ultérieure apportée à ses confidences. De quel alchimiste s'agissait-il ? De Fulcanelli, et, sans nul doute possible, Jacques Bergier s'était trouvé en rapports suivis avec lui dès les années précédant la seconde guerre mondiale. Il était curieusement persuadé se trouver en présence d'un ingénieur de la Compagnie du gaz, de Paris, mais cette identification facile (Au surplus, Bergier - toujours si bien informé - ne savait-il pas à quoi s'en tenir réellement à ce sujet ?) n'était surement pas la bonne[3]. Peut-être l'identification avancée par Bergier, venait-elle de la

---

[1] <u>Les Demeures philosophales</u> (réédition chez Jean-Jacques Pauvert), tome I, p. 182.
[2] Gallimard, 1960. Mais il existe de nombreuses rééditions, dont celle du Livre de poche.
[3] Voir <u>supra</u>, au chapitre précédent.

transmutation opérée par Fulcanelli, devant son fidèle disciple Canseliet et quelques amis, en 1938 en l'usine à gaz désaffectée de Sarcelles ?

Mais reproduisons les paroles mêmes de l'alchimiste[1] : "... vous n'ignorez pas que, dans la science officielle en progrès, le rôle de l'observateur devient de plus en plus important. La relativité, le principe d'incertitude, vous montrent à quel point l'observateur intervient aujourd'hui dans les phénomènes. Le secret de l'alchimie, le voici : il existe un moyen de manipuler la matière et l'énergie de façon à produire ce que les scientifiques contemporains nommeraient un champ de forces. Ce champ de forces agit sur l'observation et le met dans une situation privilégiée en force de l'univers. De ce point privilégié, il a accès à des réalités que l'espace et le temps, la matière et l'énergie nous masquent d'habitude (...).

L'essentiel n'est pas la transmutation des métaux, mais celle de l'expérimentateur lui-même".

Nous avions rencontré à loisir[2] l'objection si volontiers faîte à la réalisation hermétique de transmutations : que les alchimistes ne disposaient pas de sources énergétiques suffisamment puissantes pour leur permettre de réaliser des désintégrations nucléaires. La même chose vaudrait évidemment, mutatis mutandis, pour le dégagement de forces radioactives qui, au lieu d'avoir sur l'organisme les conséquences si funeste de l'irradiation se trouveraient non seulement inoffensives mais

---

[1] Rappelées à nouveau par Jacques Sadoul (Le trésor des alchimistes, p. 277-78).
[2] Voir supra, au chapitre II

suprêmement bénéfiques : elles deviendraient l'agent même d'une transformation surhumaine du corps de l'opérateur. Il existe une théorie scientifique de pointe suivant laquelle certains arrangements géométriques de matérieux d'une pureté chimique extrême seraient aptes à déchaîner des forces atomiques, sans avoir besoin d'utiliser un réacteur nucléaire du type employé dans les centrales actuelles, l'électricité ou la technique du vide.

Il existe, notons-le aussi, une tradition suivant laquelle l'irradiation subie par le coprs de l'adepte aurait pour effet de faire tomber radicalement, sans repousse possible, son système pileux : il lui faudrait donc ne pas omettre une protection spéciale afin d'éviter de se retrouver irrémédiablement chauve.

Il est un extraordinaire roman fantastique anglais de la fin de l'époque victorienne. She ("Elle") de Henry Rider Haggard[1]. C'est l'histoire d'une femme superbe, Ayesha (Aïcha), qui a découvert, et utilisé pour traverser victorieusement les siècles, le plus prodigieux des secrets : avoir plongé son corps dans les flammes mystérieuses du fabuleux Feu de Vie, l'essence vitale même de notre planète, qui circule sans trêve dans les entrailles de la Terre. C'est ce Feu magnétique, l'Esprit de Vie de la Nature, qui confère l'immortalité. L'héroïne avait ainsi réussi, par son immersion première dans ce Feu vivant, à traverser victorieusement les millénaires, en conservant toujours le corps magnifique d'une superbe jeune femme de trente ans. Signalons

---

[1] Voir l'édition française critique, par Francis Lacassin, chez Jean-Jacques Pauvert. L'œuvra a une suite directe : Ayesha (édition française chez Marabout). Mais il existe deux autres romans où se retrouve la même héroïne : La Fille de la Sagesse, She et Allan. Tous ont été réédités en un seul volume (chez Robert Laffont, collection "Bouqins").

qu'en 1970 cette œuvre fascinante inspirera un film dont la vedette était la sculpturale Ursula Andress.

Un tel récit rejoindrait directement l'univers mythique des alchimistes. Il existe effectivement des textes qui laisseraient entrevoir une immortalité acquise par l'immersion soudaine totale du corps de l'adepte dans le Feu divin qui irradie dans la matière, lors du triomphe final dans les opérations. Et cela nous ferait aussi rejoindre tout un trésor ancestral de mythes, de visions, de rites centrés autour du pouvoir magique et régénérateur prêté au Feu[1].

Il ne serait pas inintéressant de nous pencher aussi, en matière de quête alchimique de l'immortalité, sur des tentatives franchement déviantes par rapport à la tendance centrale, traditionnelle que nous venons d'étudier avec quelque loisir.

Il y aura l'incroyable tentative - elle lui sera fatale - à laquelle se livrera, à l'aube de la Révolution française, l'alchimiste Duchanteau. Celui-ci, qui avait pourtant de réelles connaissances en ce domaine[2], se lancera - interprétant à la lettre un texte (sans doute traduit du chinois) qu'il aurait dû savoir décrypter symboliquement-dans une expérience folle qui, croyait-il, lui procurerait la jeunesse et l'immortalité. Elle consistait en la pratique d'un jeûne prolongé durant lequel il n'absorberait chaque jour que sa propre urine, de plus en plus épaisse, rouge et

---

[1] Gaston Bachelard, Pyschanalyse du Feu (Gallimard) - Jean-Pierre Bayard, Le Feu (Flammarion ; réédité chez Huy Trédaniel) - Carl-Martin Edsman, Ignis divinus : le feu comme moyen de régénération et d'immortalité (Upsal, Suède - Editions Gleerup).
[2] Voyez son Apocalypse hermétique, que rééditera Oswald Wirth (Paris, Nourry).

corrosive au fur et à mesure que le temps s'écoulait. Il devait, estimait-il, arriver un stade où, au contraire, le liquide deviendrait une liqueur subtile à l'odeur suave et qui constituerait pour son corps une véritable fontaine intérieure de jouvence. Inutile de préciser que ce fut l'échec total, et que Duchanteau, loin de conquérir l'éternelle jeunesse, mourut dans les plus atroces souffrances.

Un problème se poserait. Si l'immortalité alchimique, outre le prodigieux rajeunissement, procure victoire compléte et définitive sur toute espèce possible d'atteinte par la maladie, qu'en serait-il pour les possibilités de décès subit venant d'attaques (accident ou blessure) extérieures ? Les textes, les traditions semblent muets sur ce problème. Pourtant, il n'est évidement pas sans importance. Il existe des êtres vivants qui, dans la nature, se trouvent aptes à l'atteinte d'un laps de vie considérablement étendu mais qui ne l'atteignent que bien rarement en raison des innombrables chances de s'être trouvés éliminés, bien avant, de la scène.
L'existence de pieuvres et de calmars géants dans les abysses ne fait aucun doute; et, par comparaison avec la taille des espèces dont nous avons l'habitude dans les filets de pêche, leur âge ne peut être estimé que fort considérable. Pourtant, ce sont les <u>mêmes</u> animaux que ceux qui aboutissent dans nos assiettes : simplement, rarissimes sont les spécimens qui parviendront à grandir au fil d'innombrables années sans s'être préalablement trouvés être la proie soit de l'homme soit de leurs prédateurs naturels. Revenons à nos Immortels : oui et non (pour poser la

question de la manière la plus simple et la plus crue qui soit), pourrait-on... tuer le Comte de Saint-Germain ?

La tradition est muette à ce sujet. Pourtant, il semblerait difficile d'admettre que cela fût le cas. Que ce passerait-il donc si, par exemple, quelqu'un tirait à bout portant un coup de révolver de gros calibre sur le Comte de Saint-Germain (le vrai évidemment, car tout imposteur serait tué sur le coup) ? Personnellement, nous pensons que l'Immortel ne serait pas tué, qu'il se produirait des phénomènes spectaculaires (reconstitution tissulaire et cicatrisation presque instantanées, avec expulsion automatique de la balle), qui feraient croire au tireur qu'il devient fou, qu'il a des visions !

Nous avions rencontré plus haut un texte taoïste chinois laissant entendre que même la résurrection des morts serait possible, dans les perspectives alchimiques traditionnelles. Cela semble difficilement croyable certes, mais l'on pourrait sans doute extrapoler à partir de l'expérience appelée palingénésie [1] : reconstituer une plante à partir de ses cendres. Dans le cas d'un être humain aussi, cela reviendrait, après disparition du corps physique, à re-habiller de matière le corps subtil - à réaliser somme toute, mais en se trouvant à même de les rendre durables, des matérialisations, comme disent les médiums spirites.

Nous avions vu plus haut que l'immortalité légendaire prêtée à Nicolas Flamel s'était trouvée étendue étendue à son épouse tendrement aimée, Dame Pernelle. Et cela nous conduirait

---

[1] Voir Supra, au chapitre précédent.

à toucher un point où l'alchimie occidentale rejoint pleinement les formes orientales : l'existence de deux voies en fait, l'une étant celle d'une poursuite solitaire du triomphe hermétique et l'autre étant au contraire la réalisation du même but par un couple. Ce fut le cas pour Flamel et son épouse, mais il y aurait à citer d'autres couples d'alchimistes. Celui, par exemple, de Jacques Cœur (le grand argentier de Charles VII) et de sa femme - et d'autres moins connus.

Mais, en pleine époque contemporaine, on ferait des constatations analogues. Et nous allons en relater une, vraiment étonnante.

Au cimetière parisien du Père-Lachaise se dresse un imposant mausolée (qui domine les autres tombeaux du haut de ses 32 mètres) surnommé familièrement le pain de sucre. C'est l'altier sépulcre de Félix de Beaujour, un ancien consul de France au Moyen Orient ayant eu par la suite fait carrière dans la politique (il sera député de Marseille), mort en 1836. Mais ce personnage, détenteur d'une très grosse fortune à l'origine mystérieuse[1] avait fait ériger le dit mausolée de son vivant pour plus de 300.000 francs or - somme fabuleuse à l'époque. Ce monument a exactement la forme précise du lingam, ce symbole phallique qui, dans l'Inde, concrétise la puissance créatrice divine, sous son aspect masculin. Mais sur la corniche au-dessus de la porte du mausolée se trouve un petit buste féminin - celui de la compagne tendrement aimée de Félix de Beaujour. A la base du pain de sucre, accolé contre lui, un tombeau quadrangulaire surmonté d'une pyramide abrite la sépulture de la jeune

---

[1] On songe tout de suite à une réussite alchimique.

compagne de l'homme richissime, mademoiselle Dias Santos (une Portugaise établie dans la capitale). Devant son monument, une stèle, œuvre du sculpteur Fessard (1832). On y voit, à la partie inférieure, la jeune morte, allongée, faisant de la main un signe de détresse - auquel répond, la dominant une figure "celeste". Au sommet de la stèle, on voit le Triangle divin, portant en son centre 1 mot sacré de quatre lettres hébraïques[1]. Mais il se trouve lui-même entouré par ce symbole alchimique de l'unité perpétuelle de la matière : l'ouroboros des manuscrits grecs d'Alexandrie, animal fabuleux (serpent ou dragon) qui se mord la queue. Pourquoi entoure-t-il le Delta lumineux ? Sans doute pour concrétiser le fait qu'une fois conquise, l'immortalité corporelle acquise grâce à l'alchimie deviendra définitive, indestructible, impossible à rompre, fût-ce par l'action des forces célestes. Elle est irrémédiable.

Félix de Beaujour et sa jeune compagne sont morts. Mais... sont-ils vraiment morts ? A leur propos ne se poserait-il pas le même prodigieux mystère évoqué autour de Nicolas Flamel et Dame Pernelle ? Moururent-ils vraiment, ou bien leurs obsèques n'auraient-elles pu n'être que des simulacres ? .... A propos de funérailles simulées, il existe une fort curieuse tradition, rapportée par Huet (évêque d'Avranches), et qui concerne une célébrité française majeure : rien moins que le philosophe René Descartes. On apprend que celui-ci mourut à Stockholm, sans doute victime involontaire de la reine Christine - qui, habituée pour ce qui la concernait à un mode de vie vraiment

---

[1] Iod - Hé - Vau - Hé. C'est le Tétragramme.

spartiate, faisait venir le pauvre philosophe dans son cabinet de travail dès cinq heures du matin au cœur de l'hiver suédois, dans un palais aux pièces immenses et non chauffées. Le malheureux Descartes n'y résistera pas longtemps... Il est pourtant vrai que la tradition rapportée par l'évêque Huet attesterait que le philosophe aurait plutôt atteint avec sa longévité alchimique, une indifférence totale à la froidure : après des obsèques simulées, ne se serait-il pas retiré en Laponie, pour y vivre en ermite et méditer à loisir ?

Evidemment, les sceptiques ne manqueront pas de faire remarquer que la sépulture de Descartes n'était point vide[1]. Il est vrai que nul moyen n'existerait de pouvoir vérifier si les ossements étaient bien ou non ceux de René Descartes. Il est de fait que celui-ci, qui avait eu dans sa jeunesse de mystérieux contacts avec les Rose-Croix, s'intéressait effectivement de fort près à l'alchimie[2]. N'avait-il pas confié à son ami Chanut, ambassadeur de France à Stockholm, qu'un <u>élixir</u> lui permettrait de vivre cinq siècles ? Ce ne pouvait être autre chose que notre fameux <u>élixir de longue vie</u> !

Mais revenons au couple alchimique. Qu'en dire ?

La formation d'un couple apporte, d'une part, conjonction des efforts, des travaux sur le chemin du grand œuvre. Cela permet, évidemment, de réelles facilités - par exemple pour la période durant laquelle l'athanor devrait être (dans le procédé de la voie humide) veillé jour et nuit, sans

---

[1] Chose curieuse, le crâne du philosophe finira par aboutir après de curieux avatars, au Musée de l'Homme !

[2] La reine Christine aussi, d'ailleurs. Elle cherchera même à réaliser le grand œuvre.

interruption, sous peine d'échec obligeant à tout recommencer au début. Il faut, cela va de soi, que les deux époux se trouvent entièrement accordés, qu'il y ait entre eux communion totale, mêmes aspirations. Cela s'avère déjà si pénible (c'est à l'origine de maints divorces et séparations, dans les cas où la victime ne se laissera pas aller à une attitude de résignation passive permanente) pour un homme - le cas valant aussi, cela va sans dire, dans le cas inverse - lorsque sa profession ou même simplement les hobbies qui lui sont si chers (de la pratique suivie d'un sport à la philatélie ou aux trains miniatures) se heurtent à une attitude de perpétuelle dérision, voire à la jalousie caractérisée[1]. Il faut que l'homme et la femme se trouvent tous deux fervents de la quête alchimique ! Mais, à un degré de plus, c'est le couple lui-même qui deviendrait l'objet, l'instrument même d'une réalisation transmutatoire. On retrouverait là, en l'alchimie occidentale comme dans l'ésotérisme magique oriental, l'itinéraire particulier qui - dans la tradition tantrique[2] - se trouve dénommé voie de la main gauche. Aucun rapport avec le domaine de politique ! Il s'agit de la réalisation alchimique en couple; par opposition à la voie dite de la main droite, celle de l'ascèse solitaire[3].

Mais qu'est-ce donc le tantrisme ? Le mieux serait sans doute de partir de l'étymologie même du mot sanskrit Tantra.

---

[1] Car il n'y a pas que celle à motivation sexuelle : il existe des êtres dominateurs (femmes ou hommes) qui, dans un couple, ne pourront admettre que l'autre se passionne pour des activités que le tyran domestique, lui, n'aime pas. C'est un véritable enfer qui s'installe alors pour la victime.

[2] Nous définirons plus loin ce qu'est le tantrisme.

[3] Que l'on retrouve également dans la tradition hermétique : il y eut des moines alchimistes, parmi lesquels des adeptes célèbres Saint-Albert le Grand. Roger Bacon, etc.)

Avant d'avoir pris le sens dérivé de "Livre" (Les <u>Tantras</u> - hindous ou bouddhistes - sont des ouvrages, contenant les secrets de cette voie), ce mot avait le sens initial : "trame". Mais, justement, la meilleure façon de caractériser le tantrisme serait de le définir ainsi : un ensemble méthodique et coordonné de pratiques secrètes ayant pour but de procurer aux adeptes un moyen thaumaturgique pour sortir de la "trame" même de l'inexorable filet des apparences sensibles, pour parvenir à une finale délivrance des limitations d'espace et de temps associées à l'existence et à l'action humaines dans le monde sensible. Le principe fondamental de cet itinéraire magique ? Se servir de la plus puissante sans doute des énergies naturelles : celle de la sexualité. Plus exactement : il s'agira de retourner, d'inverser celle-ci, de manière à faire surgir à sa place une force prodigieuse - dénommé <u>Koundalini</u> en terminologie sanskrite, et symbolisée par la déesse serpent[1] - que masque d'ordinaire la sexualité animale courante. Il s'agira donc de faire monter cette énergie, lovée à la base de l'épine dorsale, afin d'éveiller tour à tour chacun des centres psychiques - les fameux <u>chakras</u>, toujours en usant du vocabulaire sanskrit - échelonnés de part et d'autre de la colonne vertébrale mais dont les deux derniers surplombent celle-ci : d'abord (correspondant au fameux <u>troisième œil</u>) Celui à l'intérieur du crâne, au niveau de l'épiphyse[2]; puis l'ultime, dit "lotus à mille pétales", situé juste au-dessus du crâne.

---

[1] Il serait intéressant de remarquer que, sur le portail gauche de la façade de Notre-Dame de Paris, l'un des motifs sculptés figure la tentation d'Adam et Eve par Lucifer. Celui-ci se trouve symbolisé par une figure <u>féminine</u> (tête et torse) à la queue de serpent.

[2] Cette fameuse <u>glande pinéale</u>, où Descartes plaçait le mécanisme physiologique qui permet l'union de l'âme et du corps.

La diffusion du yoga en Occident a d'ailleurs nettement popularisé toutes ces notions dans le public s'intéressant plus ou moins à l'"occulte".

Dans le tantrisme, il n'y aura pourtant pas qu'une maîtrise magique de la sexualité. S'y trouveront associées, en strict parallélisme avec le travail sur celle-ci, toute une série de disciplines secrètes, enseignées à ses disciples par le maître (<u>gourou</u> en terminologie indienne). Il y aura ainsi les gestes rituels des doigts de la main (<u>moudrâs</u> - on les retrouve mis en action dans la danse indienne traditionnelle), l'intonation des syllabes sacrées (<u>mantras</u>) ou sons de voyelles, également les disciplines d'ordre respiratoire ou alimentaire[1].

On dit volontiers que le tantrisme constituerait un itinéraire magique et métaphysique particulier à l'Orient (plus précisément l'Inde, l'Asie Centrale et l'Extrême-Orient). Pourtant, on en retrouverait l'équivalent tout-à-fait exact dans l'alchimie occidentale[2]. Il ne s'agit d'ailleurs point du tout, cela crève les yeux, d'une analogie fortuite, de ressemblances qui s'expliqueraient tout bonnement par une séculaire similitude du psychisme humain, lequel retrouverait immanquablement partout et toujours les mêmes structures, gestes et aspirations. La preuve en pourrait être administrée par des biais parfois fort inattendus, à propos d'œuvres bien connues de tous - mais sans que personne

---

[1] Sur le tantrisme, se reporter aux ouvrages classiques d'Arthur Avalon (<u>La puissance du Serpent</u>, chez Derain, Lyon), de Mircea Eliade (<u>Le yoga - immortalité et liberté</u>, Payot), Julius Evola (<u>Métaphysique du sexe</u>, chez Payot, <u>Le yoga tantrique</u>, chez Fayard) et Tara Mikael (au Courrier du Livre).
[2] Elie-Charles Flamand, <u>Erotique de l'alchimie</u>, Paris (Pierre Belfond), 1971.

(ou presque) n'ait remarqué, d'ordinaire, leur véritable signification. Prenez le célèbre sonnet Voyelles d'Arthur Rimbaud. Il apporte la preuve manifeste que cet adolescent de génie connaissait bel et bien l'érotique sacrée du tantrisme, avec le secret de la position sexuelle majeure, culminante, utilisée par les deux amants pour atteindre l'extase finale. On ne s'en rend généralement pas compte (et cet admirable sonnet est certes très beau par lui-même), pour la simple raison qu'on repèrerait tout de suite le tantrisme dans un texte yogique usant de la terminologie sanskrite spécialisée mais que personne n'aurait assurément l'idée de le découvrir dans un sonnet écrit en français courant et qui obéit vers par vers aux règles traditionnelles de versification. Les éudits rimbaldiens ont dépensé des trésors de patientes recherches érudites pour chercher à tout prix à découvrir l'abécédaire aux lettres colorées qui aurait particulièrement frappé l'enfance du jeune poète. La vérité est tout autre ! Voici la véritable clef, tantrique, du sonnet <u>Voyelles</u> : installés dans la position érotique où l'homme asseoit, lui faisant face, sa partenaire sur ses genoux, les deux amants entonnent une série de syllabes chantées, de sons de voyelles - en même temps qu'associées à chacune des caractéristiques majeures du corps féminin se trouvera visualisée une série correspondante d'images caractéristiques, associées chacune au paysage symbolique jalonnant l'accès aux plans successifs de l'ascension imaginative de la terre vers le Divin. Au point culminant du rituel, les yeux de la partenaire sacrée ne trouveront devenir, pour l'homme qui l'étreint (la réciproque serait vraie pour la femme), le regard même de la mère divine : <u>o l'Oméga, rayon violet de Ses yeux</u> ! La partenaire avec laquelle Arthur accomplit le rituel d'union magique n'était-elle pas Henrika, jeune polonaise aux yeux de violette ?[1]

Ce qui est capital dans la magie tantrique dite "de la main gauche" - celle au rites sexuels concrets[2], c'est - absolument capitale, essentielle - une association délibérée des rites charnels aux étapes d'une maîtrise magique croissante, réalisée en coordination par les deux partenaires, des formidables puissance de l'imagination. Les amants devront devenir capables de porter l'imagination à un point tel d'exaltation qu'elle leur permettra de véritables voyages psychiques sur les autres plans, en les diverses régions du monde astral (pour user du terme consacré en occultisme). Il s'agira, pour y parvenir, d'atteindre le stade où visualiser se trouvera devenu le moyen infaillible de faire surgir des réalités, et de transporter "ailleurs" l'imagination des deux partenaires.

Jérôme Bosch, le célèbre peintre de l'époque des primitifs flamands, était membre d'une société secrète, celle des <u>Frères et Sœurs du Libre Esprit,</u> dont les adeptes pratiquaient - c'est bien établi - l'aclhimie tantrique[3]. Il est un détail significatif : dans plusieurs des grandes toiles fantastiques de Bosch, on voit des couples , enfermés nus dans une sorte de bulle translucide, accomplir ainsi une série de pérégrinations, y compris à travers

---

[1] Serge Hutin, <u>Voyages vers ailleurs</u> (Fayard, 1962) - <u>Tous les secrets sont en nous</u> (Le chapitre sur Rimbaud) (Dervy-livres, 1975).

[2] Signalons qu'il ne faut pas confondre cette acception tantrique avec le sens donné parfois en Occident à l'expression "voie de gauche" - identifiée alors au satanisme, au choix délibéré du mal (c'est en ce sens que l'utilise, par exemple J.C Salémi, dans son livre <u>La voie de Gauche.</u> Saint-Leu-La-Forêt, Editions Ondes vives).

[3] Jacques Combes, <u>Jérôme Bosch</u> (Editions Pierre Tisne, 1953).

les pires régions infernales de terreur - à l'abri, eux, de tout péril. C'est l'allusion à ce prodigieux secret des voyages psychiques à deux par projection astrale, grâce à un entraînement magique particulier de leur imagination.

En corps astral, les amants pourront visiter ainsi toutes les régions surnaturelles, tous les plans de l'"au-delà", des plus inférieurs à ceux du sommet. Ils pourront, traversant l'abîme[1], accéder au paradis céleste[2].

Il nous faudrait analyser également, dans les peintures de Jérôme Bosch, les grands symboles alchimiques traditionnelles - la <u>fontaine de jouvence</u> par exemple, où viennent se baigner les amants qui ont su retrouver l'accès à l'Eden perdu - qui apparaissent (point du tout au hasard) sur diverses peintures majeures de l'illustre visionnaire pictural[3].

L'un des secrets de l'érotique sacrée du tantrisme consisterait, au surplus, en une possibilité d'accomplir l'union des partenaires pas seulement à l'occasion des étreintes physiques mais par union magique des corps éthériques et astraux respectifs des amants. Leur union, de cette manière, se jouerait des obstacles et distances matérielles.

Dans l'alchimie tantrique, cette maîtrise magique de la sexualité jouerait aussi son rôle dans la conquête de l'immortalité par les deux compagnons. Dans cette "voie de la main gauche",

---

[1] Remarquer, sur la troisième partie d'un célèbre triptyque de Jérôme Bosch, le tunnel qu'il s'agit de franchir pour parvenir au paradis.

[2] L'une des planches du <u>Mutus Liber</u> comporte un diagramme circulaire représentant l'emboitage, la superposition des plans supérieurs d'existence, ceux que l'imagination magique du couple permet d'atteindre.

[3] Cf. Jacques Van Lennep, <u>Art et alchimie</u>. Bruxelles (Editions Meddens), 1966.

ce n'est pas des êtres isolés mais le couple qui, conjointement, accéderait à la pleine victoire sur le vieillissement et sur la mort[1].

Mais n'y aurait-il pas deux formes de l'immortalité alchimique ? Plus exactement, celle-ci ne serait-elle pas suceptible de comporter deux modalités, dont l'ultime se situerait à un niveau de libération supérieur à la première ?

Un adage traditionnel, apparemment bien étrange, déficnirait l'alchimie comme étant <u>art de monter au ciel sans passer par la mort</u>, sans connaître donc le sort commun aux hommes ordinaires voués à subir maladie, vieillissement et mort. Cela pointerait directement vers cette seconde forme, vers ce second niveau de l'immortalisation de l'adepte. Celui-ci pourrait vivre le sort exceptionnel connu, s'il faut en croire l'Ancien Testament, par Enoch, par Melchisedech, roi de Salem et par Elie, ces trois hommes qui, évitant la mort, auraient été enlevés au Ciel[2].

Il s'agirait de l'accession triomphale à un stade humain d'existence qui se situerait par delà toutes les limitations physiques d'espace et de temps - mais qui n'empêcherait nullement le bénéficiaire de se manifester encore ici bas s'il le désire, et même - si besoin est - à plus d'un endroit à la fois (ce fameux privilège d'ubiquité)[3]. Le Comte de Saint-Germain

---

[1] Il y aurait retour effectif à l'androgynat primordial : les deux natures sont conjointes; s'accouplant, elles réalisent le <u>Rebis</u> ("chose deux") hermétique.

[2] Signalons à ce propos la curieuse théorie du bénédictin dom Augustin Calmet (1672-1757), suivant lequel les trois "Rois Mages" (Balthazar, Gaspar et Melchior) ne seraient autre que les trois patriarches en question.

[3] Voir la dernière partie du livre de Paul Chacornac : <u>Le Comte de Saint-Germain</u> (Editions traditionnelles).

aurait atteint ce stade ultime, dit des "Maîtres ascensionnés", c'est-à-dire parvenus à ce niveau supérieur d'existence qui se joue des frontières de l'espace et du temps des apparences.

Le célèbre drame d'Auguste Villiers de l'Isle-Adam : Axël[1], demeura incomplet. Il aurait dû comporter un dernier acte, intitulé Le Monde Astral, où l'on aurait vu les deux amants - Axël et Sara - se réveiller dans l'"au-delà", où leur suicide simultané les avait fait accéder. Le corps physique se trouve doublé d'une enveloppe sidérale[2] ou corps astral : ce corps "supra-élémental" subsiste après la transition et, si l'on réussissait à le faire perdurer et à rendre impossible la seconde mort[3] on permettrait une survivance psychique pleinement consciente associée à la complète liberté de circulation et d'action à travers les divers plans du monde astral.

Remarquons que le suicide d'Axël et Sara, dans le drame de Villiers de l'Isle-Adam, n'était pas en fait un acte à deux du type courant (lorsque deux amants malheureux se donneront simultanément la mort parce que les conditions matérielles ou sociales leur auront dénié le droit de pleinement vivre leur amour), puisque les deux héros seraient libres de vivre en toute liberté leur amour ici-bas[4] et en jouissant du fabuleux trésor. En fait, il s'agit d'un acte surnaturel qui, dans la tradition tantrique se trouve appelé "mort du juste" : les deux amants accomplissent

---

[1] Voir l'édition critique réalisée par Pierre Mariel (Paris, Editions de la Colombe, 1961, collection "Littérature et Tradition").
[2] Le Corps siderum de Paracelse.
[3] Celle du corps astral.
[4] Il n'y a plus personne pour les gêner

l'acte suprême qui les fera, laissant leurs corps physiques respectifs, monter au ciel, accéder directement dans l'au-delà pour y vivre l'éternisation psychique de leur corps astral. Leur Paradis perpétuel en somme... Ce secret redoutable se retrouverait symbolisé dans la planche finale du Mutus Liber.

Carles et Granger envisagent une autre possibilité fantastique : celle de parvenir à matérialiser des entités énergétiques :

"L'hypothèse d'Energétiques peut rejoindre celle des Vénusiens si l'on considère que ces êtres, pour vivre, ont besoin de se matérialiser, quelle que soit la forme adoptée, et que leur forme énergétique n'est qu'une vie potentielle, suspendue dans le temps et voyageant dans l'espace à la recherche d'une planète où elle pourrait s'épanouir (...). Les Energétiques seraient peut-être encore les formes immatérielles adoptées par les Grands Galactiques pour voyager dans l'espace-temps[1]". Et cela ne nous amènerait-il pas à envisager l'existence de ces mystérieux Grands Transparents, dont parlait André Breton ?

Signalons, pour en terminer enfin une fois pour toutes avec les traditions et légendes sur le Comte de Saint-Germain, l'hypothèse, soutenue par certains occultistes (et qu'invoquera le "Saint-Germain" de la télévision - ancien époux de Dalida - lorsqu'on le mettra en face de l'évidente réalité de son état civil : qu'il était bien le nommé Richard Chanfray, à la date de naissance bien établie, et qui n'avait donc pas pu avoir plusieurs

---

[1] Carles et Granger, L'Alchimie..., p77-78

siècles de vie)[1]. Suivant cette hypothèse, les "Saint-Germain" successifs signalés à plusieurs siècles d'intervalle seraient donc le même personnage - voué à connaître bel et bien sa belle mort, comme tout le monde, avec simplement large possiblité d'éviter la décrépitude et les misères volontiers associées à un âge avancé[2].

Mais le soi-disant "Immortel" possèderait ce privilège : se souvenir de ses incarnations précédentes, jusque dans leurs moindres détails. Ce qui expliquerait la manière dont, lorsqu'il racontait à la cour de Louis XV des anecdotes relatives à celle de François 1er, elles se trouvaient relatées d'une manière tellement vivante qu'il ne pouvait s'agir de "resservir" la mémorisation des vieilles chroniques du temps. Le comte les avait bel et bien vécus, les dits souvenirs, mais lors de sa précédente existence terrestre, à la fin de laquelle il avait (comme tout le monde) connu la transition.

Le Comte de Saint-Germain avait avoué un jour, souvenons-nous, au landgrave de Hesse-Cassel que Saint-Germain n'était pas le nom d'une famille mais une désignation : Sanctus Germanus, "le Saint-Frère". Ne pouvait-il pas s'agir d'une fonction traditionnelle exercée au sein d'une fraternité, d'une société secrète initiatique ? Si cela était le cas, ce titre de "Saint-Frère" aurait donc pu se trouver bel et bien porté, telle serait l'autre possibilité en ce qui concerne l'immortalité du

---

[1] Voyez le livre intitulé Le Comte de Saint-Germain aujourd'hui, paru chez Pierre Belfond en 1972.

[2] Dans cette perspective, le Saint-Germain du 18ème sicèle, celui qu'on en voyait jamais s'alimenter, aurait en fait appliqué à lui-même, en sercet, une diététique très sévère et si pleinement efficace qu'elle lui aurait permis, à 80 ans et plus, de paraître bien moins que cet âge vénérable.

Comte, par plusieurs personnages successifs. A la manière dont Raymond Bernard, ancien Légat suprême pour l'Europe de l'Ordre de la Rose-Croix Amorc, nous apprend - cas significatif - que <u>Christian Rosencreutz</u>, nom du héros légendaire fondateur de l'ordre de la Rose-Croix[1], serait non pas le nom d'un personnage historique mais désignerait les détenteurs successifs - différents les uns des autres, donc d'une même fonction dirigeante, transmissible[2].

<u>Créer la vie : l'Homunculus</u>

Parmi les espoirs dont l'effective réalisation se trouve prêtée aux alchimistes, on retrouverait celui, millénaire, de créer magiquement la vie. On leur a prêté la fabrication faustienne d'un être humain, toujours de minime taille (d'où son nom latin : <u>homunculus</u>, "homoncule", un "petit homme").

Il ne s'agissait pas, à vrai dire, d'un être fabriqué de toutes pièces puisqu'on ne pouvait l'obtenir - disait-on - qu'à partir de la semence masculine. Dans le traité <u>De Natura rerum</u> "De la nature des choses", Paracelse donne les détails pour l'obtention et la croissance de l'<u>homunculus</u>.

Il serait bien possible (croyaient les alchimistes), en nourrissant de sang un spetmatozoïde à la température du fumier de cheval, d'obtenir un être humanoïde de très petite taille, qui ne dépasserait jamais vingt ou trente centimètres de hauteur. Il

---

[1] Dont le tombeau aurait été découvert en 1604.
[2] Raymond Bernard, <u>Rencontres avec l'insolite</u> et <u>Les maisons secrètes de la Rose-Croix</u> (2 livres parus aux Editions Rosicruciennes, Villeneuve-Saint-Georges).

pourrait néanmoins servir de fort docile serviteur pour la réalisation de divers buts magiques.

L'alchimiste Julius Camiluus exhibait dans une fiole un petit être d'un pouce de haut - un <u>homunculus</u> mort. D'autres se contentaient d'en montrer les petits ossements !

L'histoire de l'<u>homunculus</u> nous immergerait en plein dans les récits fabuleux du folklore germanique. C'est un thème dont les racines psychologiques profondes s'attesteraient par sa persistance de fascination imaginative dans la fiction contemporaine. Il y a le thème des poupées vivantes, traité par des auteurs comme Abraham Merritt[1] ou Georges Gauthier[2]. Il ne s'agit pas, à vrai dire, de petits hommes artificiellement créés mais d'êtres humains réduits à la taille de poupées, et servant alors d'instuments obéissants aux sinistres intentions d'un magicien ou d'une sorcière. Citons aussi, dans les années cinquante, le film humoristique <u>Un amour de poche</u>, de Franche Roche, où un savant (le rôle était joué par Jean Marais) découvrait le moyen de réduire les humains à une taille suffisamment exiguë pour les faire éventuellement tenir dans la poche (d'où le ritre du film). Je me souviens aussi avoir lu ce thème du rétrécissement, obtenu par un appareil scientifique, traité dans un feuilleton qui paraissait en 1944 dans le journal pour la jeunesse <u>Le Téméraire</u>. (J'avais alors quinze ans). Un savant irlandais, prénommé Richard et installé dans une île solitaire des Caraïbes, s'en servait pour rendre inofensifs - il

---

[1] Dans Witch burn, witch ! Tod Browning en tirera un classique du film d'épouvante : <u>Les poupées du diable</u>.
[2] <u>Le livre du Ventriloque</u> (Editions Fleuve Noir).

n'avait plus eu qu'à les enfermer dans une cage d'oiseaux, avec des petits meubles à leurs dimensions - deux aviateurs américains trop curieux ayant essayé de violer les secrets de son laboratoire.

Mais le thème du rétrécissement nous amènerait à évoquer son extension maximale, telle qu'il se retrouvait traité dans <u>Un homme chez les microbes</u> de Maurice Renard ou dans <u>L'homme qui rétrécit</u>[1] de Richard Matheson : l'idée d'une diminution incessante de taille - très rapide et volontaire dans le premier cas, involontaire et insidieusement progressive dans le second cas - menant un homme jusque à l'infiniment petit (et même au-delà dans la première œuvre, puisque celle-ci se trouvait bâtie sur l'idée d'une structure de l'atome similaire à celle d'un système solaire en réduction).

Un psychanalyste ne manquerait pas de découvrir une raison profonde à la fascination de ce thème insolite du rétrécissement : ne répondrait-elle pas aux phantasmes inconscients d'un retour vers la toute première enfance et par delà même la naissance ?

Il est, dans la tradition indienne (mais on la retrouverait aussi en Occident), une théorie bien étrange : celle suivant laquelle l'homme parvenu au sommet des pouvoirs yogiques se trouverait à même de devenir capable à son gré[2], de faire grandir son corps d'une manière incommensurable ou de le faire diminuer jusqu'à l'infiniment petit.

---

[1] Il en fut tiré, dans les années 50, un film remarquable.
[2] Le livre cité de Maurice Renard y faisait allusion.

Dans un roman de science-fiction publié en 1961[1]; <u>La passsion selon Satan</u>, Jacque Sadoul imaginait un alchimiste, reclus en son solitaire domaine pyrénéen, utilisant pour vaincre la mort - et à défaut d'un élixir de longue vie (observerions-nous) - le procédé suivant pour réussir à se perpétuer physiquement : préparer tout un appareillage destiné au petit être (sorti de l'embryon qui se sera développé à partir d'un ovule fécondé) destiné à lui servir de nouveau corps, remplacer l'actuel lorsqu'il serait devenu décrépit.

Revenons à la fabrication de l'homuncule telle qu'elle se trouvait relatée par Paracelse. Scientifiquement, le procédé décrit s'avère absurde. Il serait certes possible de prolonger <u>in vitro</u> l'existence éphémère d'un spermatozoïde, d'obtenir ainsi une sorte de têtard visible à l'œil nu. Mais il ne se produirait jamais de métamorphose : on n'en verrait jamais surgir un humain en miniature.

Il serait pourtant trop facile de taxer Paracelse, cet homme prodigieux[2], de bien naïve crédulité. L'<u>homunculus</u>, "fils du soleil et de la Lune", ne pourrait-ce pas être, tout simplement, une manière à la fois concrète et cryptique de symboliser l'<u>embryon métallique</u>, la naissance même de la Pierre des Sages, dans le grand œuvre ?

---

[1] Aux Editions du Scorpion. Réédition, très ultérieure, dans la série poche "Science-fiction", Eiditions J'ai lu.

[2] Voyez l'admirable livre de René Allendy : <u>Paracelse, le médecin maudit</u>, paru chez Gallimard avant la seconde guerre mondiale. On l'a, Dieu merci, réédité en 1989.

Nous avions vu l'indissoluble alliance, en alchimie traditionnelle, du travail du <u>laboratoire</u> et celui de l'<u>oratoire</u>. Ne s'avèrerait-il pas indispensable de mieux nous pencher maintenant sur cet aspect précis ?

CHAPITRE IV

LA GNOSE ALCHIMIQUE

Arcanes de la philosophie hermétique

Les alchimistes se qualifient volontiers de <u>philosophes</u>, c'est même l'une de leurs désignations consacrées. Mais, par delà ce mot, il faudrait voir en eux non pas des hommes tributaires de l'intellect mais des êtres en quête de <u>gnose</u>, c'est-à-dire d'une connaissance (c'est le sens de ce mot grec) totale. Pas n'importe laquelle : une connaissance qui procurerait à la conscience une illumination totale, révélatrice et libératrice. L'alchimie apparaîtrait alors comme l'une des branches d'une <u>philosophia perennis</u> ésotérique, dont François Brousse condense avec précision l'articulation fondamentale "l'existence d'un Absolu rayonnant hors du temps et de l'espace, combinée avec l'existence d'une âme universelle qui travaille douloureusement à travers les formes (...). Que l'âme de l'homme soit le reflet de cette âme universelle, je l'admets aussi[1]".

---

[1] <u>L'Abeille de Misraïm</u>, roman fantastique (La Licorne ailée - 8, rue Boileau, appartement 509 - 92140 Clamart), 1986, p 117.

Indissociable de la philosophie hermétique, l'affirmation fondamentale que l'homme est un être d'<u>essence divine</u>.

Quant à la matière, c'est tout ce qui existe, tout ce qui s'est manifesté dans l'univers, pas seulement sur notre planète mais dans tout l'espace cosmique, tout ce que permet d'entrevoir l'observation de la voûte étoilée. Pourtant l'alchimie européenne, pour ce qui concerne les opérations du grand œuvre, se limite plus précisément au système solaire - plus précisément encore à la seule Terre et au Ciel sublunaire compte-tenu des influences qu'y exercent les planètes de notre monde.

L'alchimie se trouvait volontiers, pour ce qui concernait les phénomènes observés au cours du grand œuvre (mais en tenant compte de leur correspondance avec l'aspect psychique, le travail de l'oratoire), assimilée à une "astronomie inférieure" (l'expression même dont usait l'adepte arabe al-Râzi). C'est ainsi qu'outre leur sens précis en référence aux influences stellaires, la désignation <u>étoiles</u> pourra quelquefois s'appliquer à des composés chimiques purs, non volatils (ne sont-ils pas "corps fixes" ?) Tandis que celle de <u>planètes</u> ("corps errants") pourrait s'appliquer, elle, aux corps volatils.

Remarquons que, dans le modèle réduit de la Terre et du système solaire que réalise et contemple l'alchimiste dans son œuf philosophique ou dans son creuset, on verra comme dans un miroir : le soleil se déplacera suivant un mouvement rétrograde, jusqu'à sa réintégration finale dans l'axe du monde, "au jour du jugement".

A vrai dire, ce que les travaux du laboratoire permettront à l'adepte d'observer se révèlerait l'instrument privilégié d'une connaissance concrète, directe, totale et émerveillée. L'alchimiste contemplera de ses yeux, agencé de ses mains, le prodigieux spectacle d'une répétition miniaturisée de l'organisation du chaos primordial, lorsque l'esprit de Dieu planait sur les eaux [1].

Nous avons vu comment les anciens alchimistes savaient déjà fort bien à quoi s'en tenir sur l'unité de la matière. Cette dernière possède un fond commun, l'agencement des particules qui la composent; et c'est lui qui la structurera, lui donnant les innombrables formes qui s'offrent à nos yeux.

Mais il demeure aussi une postulation capitale, tout-à-fait traditionnelle : l'analogie profonde qui existe entre les lois qui régissent l'univers (le macrocosme, "grand monde"), le Grand Livre de la Nature et celles qui règnent sur l'Homme (lequel est appelé traditionnellement microcosme, le "petit monde"). L'être humain - ce prodigieux Livre de l'Homme, à élucider et déchiffrer lui aussi, est bien microcosme, ("petit monde") par rapport au macrocosme (le "grand monde") que constitue l'univers où il vit. Mais un autre jeu d'analogies ne serait-il pas à découvrir aussi entre les structures propres à l'infiniment grand et celles de l'infiniment petit ?[2]. Il serait d'ailleurs aisé de remarquer que, somme toute, dans le cosmos les extrêmes se touchent : un système planétaire[3] et une cellule n'ont-ils pas une structure similaire ?

---

[1] Genèse, I, 2.

[2] Cf. E. Hoffmann, Nicolaus von Cusa. Heidelberg, 1947.

[3] Il en existe un nombre incommensurable dans l'univers ! N'oublions pas que notre galaxie (La voie lactée) n'est qu'une parmi des milliards !

Nous n'aurions pas ici loisir d'aborder la numérologie traditionnelle, qui se trouvait si bien connue elle aussi des alchimistes. Nous nous bornerons à évoquer un seul parmi les nombres significatifs, 108, que l'on retrouverait aussi bien en Occident qu'en Extrême-Orient[1]. 108, nombre cyclique par excellence, s'obtient ainsi : $108 = 2 \times 2 \times 3 \times 9 = 2 \times 2 \times 3^3$. Il concrétise les rapports régissant les différentes parties du temps et de l'espace.

Parmi les accusations portées contre les Chevaliers du Temple, lors de l'inique procès manigancé par les séides à la dévotion de Philippe le Bel, il y aura celle d'adorer secrètement une mystérieuse idole : leur fameux Baphomet. En fait, le dit objet existait bel et bien : il ne s'agissait pas d'une "idole" à laquelle on rendait un culte mais d'un objet traditionnel symbolique (utilisé sous forme de bijou), lequel se trouvait servir - semble-t-il - à des fins divinatoires[2].

En fait s'y trouvaient incorporés, concrétisés tous les arcanes de la philosophie hermétique. Dans les Demeures philosophales de Fulcanelli, on trouve[3] une analyse très précise de la forme du Baphonet : c'était un triangle isocèle la pointe en bas - exactement la forme du signe alchimique de l'eau. Inscrit en son centre, un second triangle, ayant, lui, la pointe au bas et

---

[1] Il joue un rôle au sein de la Triade, la principale des sociétés secrètes de l'ancien céleste Empire (Cf. Serge Hutin, Les sociétés secrètes en Chine. Robert Laffont, 1976)

[2] A la manière de l'Urim et du Thummim maniès par le grand prêtre des Hébreux.

[3] Réédition chez Jean-Jacques Pauvert, 1973, tome I, p 287-88

évoquant le contour du nez sur un visage humain : hiéroglyphe du <u>feu</u>, inscrit dans l'eau (le grand triangle) comme la vie réisde en puissance dans la matière. Au sommet (sa base inversée en fait) du grand triangle, le signe alchimique - un H ayant sa barre centrale coupée d'un cercle médiam - de l'Esprit universel.

De chaque côté du petit triangle intérieur le signe du feu : à gauche le croissant lunaire dans un cercle, à droite le signe circulaire du soleil - les deux évoqueraient les yeux sur un visage. Sur la base du petit triangle, une croix posée sur le globe (signe alchimique du Mercure). Enfin, tout en bas, à la pointe du grand triangle, une série de lignes verticales divergentes (elles évoqueraient volontiers une barbiche) symbolisant le rayonnement de la lumière. Ce <u>Baphomet</u> templier se trouve gravé sur l'une des deux faces de la bague en or portée par tous les membres de la Fraternité d'Héliopolis, celle dont firent partie Fulcanelli et son disciple Eugène Canseliet.

<u>Le travail de l'oratoire</u>

On trouve dans les manuscrits de Zozime de Panopolis, l'un des plus célèbres alchimistes de la période alexandrine, ce texte apparemment fantasmagorique :

"Je vis un prêtre debout devant un autel en forme de coupe, ayant plusieurs degrés pour y monter.

Le prêtre répondit : je suis le prêtre du sanctuaire et je suis sous le poids de la vision qui m'accable. Au point du jour, il vint un acolyte qui me saisit, me tua avec un glaive, me divisa en morceaux; après avoir enlevé la peau de la tête, il mêla les os avec les chairs et me calcina dans le feu, pour m'apprendre que l'esprit naît avec le corps".

Mais il n'est pas purement symbolique. Il exprimait une expérience vécue - non pas sur le plan terrestre mais à un autre niveau d'existence. On y retrouverait en effet l'expérience terrible par laquelle devra passer tout <u>chamane</u> : vivre une mort violente suivie du dépècement du cadavre - après quoi seulement viendra la résurrection, gage des pouvoirs magiques. La même expérience, fort bien étudiée par les spécialistes de ce domaine ethnographique (voir tout spécialement l'admirable étude de Mircea Eliade : <u>Le chamanisme et les techniques archaïques de l'extase</u>), se rencontrerait aussi dans le lamaïsme thibétain et mongol. Il ne sagit évidemment pas d'une expérience vécue ici-bas, sur le plan terrestre - sinon, on retrouverait les fragments du corps martyrisé, et le <u>chamane</u> ne serait plus de ce monde), mais c'est une expérience vécue douloureusement par le récipiendaire, sur le plan supérieur dont il avait forcé l'entrée.

Le <u>chamane</u> joue le rôle d'intermédiaire entre notre monde terrestre et celui des forces surnaturelles. Et c'est toujours en état de transe qu'il accomplira ses rites magiques, impossibles à réaliser sans retrouver contact avec l'au-delà.

Dans le chamanisme comme en la tradition alchimique, on noterait aussi postulation d'une catastrophe originelle, et aux dimensions cosmiques : "A la suite d'une catastrophe les communications entre le Ciel et la Terre ont été interrompues, le Ciel s'est éloigné, le Dieu s'est retiré et l'homme a reçu sa condition actuelle qui est constituée par la temporalité, la souffrance et la mort[1]". Pourtant, n'y aurait-il pas pour les humains possibilité d'y échapper, de retrouver le chemin du ciel?...

Dans son livre <u>L'or du millième matin</u>, l'alchimiste contemporain Armand Barbault écrivait : "...l'Adepte doit, comme dans un songe, dans un état second, engager le combat symbolique contre le Dragon, le transpercer de son épée et le détruire afin de transformer sa dépouille en un Lion majestueux symbolisant le succès complet de l'opération[2].

Parmi les épisodes du <u>Songe verd</u>, ce classique de la littérature alchimique du 15ème siècle, écrit par Bernard Comte de La Marche trévisane, on trouve celui-ci : le héros, après avoir traversé des jardins fantastiques, est devenu aveugle. Mais voici maintenant qu'on lui frotte les yeux avec une herbe magique, grâce à laquelle il va recouvrer la vue, et pénétrer ainsi dans la maison où se réalise le grand œuvre. Cette poudre rendant la vue est évidemment un symbole : la conscience de l'Adepte, libérée de son aveuglement, s'éveille à la véritable et totale compréhension intuitve des choses.

Tout l'aspect "<u>oratoire</u>" de l'alchimie supposera cette atteinte par l'adepte d'une extase illuminatrice, se déployant en parfaite lucidité consciente. Mais nous pourrions redonner alors la parole à notre ami François Brousse : "Il s'agit de rentrer en

---

[1] <u>Le chamanisme et les techniques archaïques de l'extase</u>, p 51.
[2] Réédition J'ai lu (1972), p 51.

contact avec le moi éternel et parfait qui est au fond de nous-même[1].

Tu portes en toi un ami sublime que tu ne connais pas. Dieu habite dans le cœur de l'homme - l'humanité est le temple de la divinité.

Comment découvrir le Dieu caché au visage éblouissant ? C'est justement l'objectif que se proposait l'aspect spirituel, intérieur de la quête alchimique.

Voici un texte splendide du moine alchimiste Johan Ambrosius Siebmacher, dans son traité (Nuremberg, vers 1619, intitulé La pierre Aqueuse de Sagesse ou l'Aquarium des Sages : "Le Christ qui est aussi cette Pierre céleste et benoite[2] ayant acquis sa perfection Déo-humaine, doit encore être fermentée et multipliée avec nous comme avec ses nombres, c'est-à-dire que nous devons être avec lui purifiés et unis, conformes et préparés par sa teinture salvatrice de couleur rosée en un corps céleste infermenté[3]".

Donnons aussi ce superbe texte, emprunté à l'un des manuscrits alchimiques grecs étudiés par Marcelin Berthelot :

"Ce fils de Dieu, qui peut tout et qui devient tout lorsqu'il le veut, se manifeste comme il veut à chacun. Jésus-Christ s'ajoutait à Adam et le ramenait au Paradis, où les mortels vivaient précédemment. Il apparut aux hommes privé de toute puissance, étant devenu homme lui-même. Cependant ayant

---

[1] C'est le sens de la formule initiatique Visita Interiora Terrae Rectificandoque invenies Occultum Lapidem (avec chacunes des premières lettres de chaque mot, on obtient le mot codé V.I.T.R.I.O.L.

[2] Classique, dans la littérature alchimique chrétienne, cette analogie concrète instaurée entre la Pierre philosophale et le Christ.

[3] Revue Inconnues, n°11, p. 120-21.

secrètement dépouillé son propre caractère mortel, il n'éprouvait aucune souffrance. Ainsi, privé des apparences, il conseillait aux siens d'échanger aussi secrètement leur esprit avec celui d'Adam qu'ils avaient en eux, de le battre et de le mettre à mort, cet homme aveugle étant amené à rivaliser avec l'homme spirituel et lumineux : ainsi ils tuent leur propre Adam".

On ne saurait mieux concrétiser, exprimer la nécessité traditionnelle de sacrifier le vieil homme pour que puisse enfin surgir, glorieux, l'Homme nouveau.

Sur le portail central de Notre-Dame de Paris, on voit l'alchimie personnifiée par une femme assise qui tient devant elle une échelle verticale réunissant la Terre au Ciel. Et cela ne manquerait pas de nous faire remémorer l'épisode biblique de l'échelle que le patriarche Jacob vit en songe : elle unissait les cieux au sol, et sur ses degrés des anges montaient et descendaient. Pour faire une parenthèse, rappelons que la fameuse <u>pierre du couronnement</u>, enchâssée à la base du trône royal à l'abbaye de Westminster, ne serait autre que l'oreiller dur et rustique sur lequel, dans le désert, Jacob s'endormit, faisant alors son fameux songe. Mais voici les deux versets de la <u>genèse</u>:

"Il (Jacob) atteignit un certain lieu et y passa la nuit, car le soleil était couché. Il prit une des pierres du lieu, la mit à son chevet et se coucha en ce lieu[1]. Puis : "Il eut un songe et voici qu'une échelle était dressée par terre, sa tête touchant aux cieux et voici que des anges d'Elohim montaient et descendaient sur elle"[2].

---

[1] 28,11
[2] 28, 12.

Nous donnerons aussi, car il est ici tout-à-fait à sa place dans les perspectives d'une alchimie christique, ce très beau texte maçonnique, emprunté à un rituel de la fin du siècle des lumières : "La Maçonnerie humaine fut détruite en un instant; le voile fut déchiré; les ténèbres couvrirent la terre; la lumière disparut; les autels de la Maçonnerie furent brisés; l'Etoile flamboyante s'éteignit et la Parole fut perdue (...)

Au bout de trois jours, la Volonté qui avait causé ces évènements et ces choses surprenantes rendit son éclat à la lumière et cela ne fut pas sans paraître un nouveau miracle. Les outils de la Maçonnerie, qui étaient brisés, reprirent leur forme ordinaire; l'Etoile Flamboyante retrouva son brillant[1]".

Et, remontant à l'époque médiévale, nous donnerons aussi un passage de Saint-Bonaventure. Ces lignes pourraient être reprises en compte par les alchimistes chrétiens, conduits à l'extase divine par la contemplation même des merveilles de la Nature :

"Toute chose en chacune de ses propriétés montre la Sagesse divine, et celui qui saurait toutes les propriétés des êtres verrait clairement cette Sagesse. Toutes les créatures du monde sensible nous conduisent à Dieu : car elles sont les ombres, les pointures, les vestiges, les images, les représentations du Premier, du Très Sage, de l'excellent Principe de toutes choses; elles sont les images de la Source, de la lumière, de la Plénitude éternelle, du souverain Archétype".

---

[1] Paul Naudon, <u>Histoire, rituels et tuileur de hauts grades maçonniques</u> (3ème édition: Dervy-Livres) p. 325-26.

N'oublions jamais - c'est une clef essentielle - la nécessité de savoir toujours, lorsqu'on se trouve en face d'un texte alchimique, d'être toujours prêt à faire jouer simultanément les deux registres de décryptage : celui des phases successives d'une ascèse purificatrice et illuminatrice (travail de l'oratoire); celui des étapes qui vont jalonner les phénomènes constatés dans la cornue ou le creuset (travail du laboratoire).

Par exemple, un autre texte de Zozime le Panopolitain[1] nous fait observer que, donné par la voix des anges (cela nous ferait volontiers songer aux contacts établis par John Dee et Edward Kelly avec l'un des plans angéliques, par le fameux miroir noir conservé aujourd'hui au British Museum), le nom d'Adam signifie : terre vierge, terre sanglante[2], terre ignée, terre charnelle. Il s'agirait tout à la fois de caractériser la matière première sur laquelle travailler pour découvrir la Pierre philosophale - et de la transformation du psychisme de l'opérateur.

De même le contact avec un plan vibratoire élevé concernerait lui aussi le travail du laboratoire (faire descendre les eaux du ciel, les ondes d'en-haut) comme celui de l'oratoire (l'illumination de la conscience).

Il se révèlerait tout-à-fait légitime de voir en l'alchimie un type très complet d'ascèse libératrice comportant alliance des exercices spirituels, intérieurs, et de la conduite des travaux au fourneau. Dans l'un comme domaine, elle est une technique.

---

[1] Il s'agissait d'un personnage réel (l'un des plus éminents alchimistes d'Alexandrie, au demeurant), et non d'une invention d'Anatole France dans son amusant récit La rôtisserie de la reine Pédauque.

[2] Cf. Robert Ambelain, Adam dieu rouge. Paris (Niclaus), 1941.

Il faudrait noter aussi, dans l'alchimie traditionnelle, l'importance (qui rejoindrait à sa manière celle des songes) d'exercices méthodiques de visualisation, pratiqués seul ou à deux - dans le cas des alchimistes qui "œuvrent" en couple.

Voici un exercice de visualisation révélé par Armand Barbault[1] : s'attacher à suivre sur soi-même l'ascension parallèle interne de deux astres[2] - l'une vers la rétine, l'autre vers le point du crâne opposé aux yeux. Il arrivera un moment où les deux astres, atteignant ce dernier lieu, se fondront en un seul.

On remarquera que, dans l'alchimie traditionnelle, on ne verra jamais prôner ce périlleux "raccourci" (tellement à la mode hélas en cette extrême fin du 20ème siècle) que serait - pour obtenir visions, songes, extases illuminatrices - l'emploi de drogues hallucinogènes. On ne trouverait qu'une tentative en ce sens, qui fut celle d'un homme qui demeura quelque peu en marge des grands espoirs de l'alchimie (par exemple, il ne croyait absolument pas à la possibilité de préparer un véritable élixir de rajeunissement et d'immortalité) : Jean-Baptiste della Porta. Celui-ci était effectivement parvenu à réaliser quatre ou cinq drogues, qu'il expérimentera dans son cercle d'amis, destinées à susciter des rêves de telle ou telle nature - visions de plénitude et de joie, ou, au contraire, d'horreur, de cauchemar. Mais la dite expérience n'avait assurément nul rapport avec l'alchimie traditionnelle.

---

[1] Toujours dans son <u>Or du millième matin</u>.
[2] Le Soleil et la Lune, symboles concrets des deux polarités.

La grande illumination cosmique

Dans un papyrus conservé à la Bibliothèque Nationale de Paris[1] se trouve une recette d'immortalité (c'est le titre du texte) mais qui décrit en fait non pas un mode de préparation d'un élixir de longue vie mais une splendide vision illuminatrice vécue par l'alchimiste. Nous allons, car ce texte est à la fois très beau et précis, en donner d'assez larges extraits[2]. C'est le récit d'une prodigieuse expérience vécue, grâce à laquelle l'adepte put atteindre l'illumination cosmique. La voici donc :

"...Puissé-je, après la violente contrainte de l'imminente Fatalité, contempler le Principe immortel grâce au souffle immortel, à l'eau immortelle, à l'air tout-à-fait solide, puissé-je être régénéré en esprit et que souffle en moi le souffle sacré, puissé-je admirer le feu sacré, puissé-je voir l'abîme de l'Orient, l'eau effrayante et que m'entende l'éther qui donne la vie et qui est répandu autour de toutes choses - car je dois contempler aujourd'hui de mes yeux immortels, né mortel d'une matrice mortelle, mais exaltés par une force puissante et une destre impérissable, grâce au souffle immortel, l'immortel Aiôn, le souverain des diadèmes de feu, saintement sanctifiés par les purifications saintes, tandis que se retire un peu de moi, pour un peu de temps, ma nature psychique humaine, que je reprendrai de nouveau, non diminuée, après la contrainte douloureuse de l'imminente Fatalité...

---

[1] Papyrus Bibl. Nat., supplément grec 574.
[2] D'après la traduction française donnée par A. J. Festugière, La révélation d'Hermès Trimégiste, tome 2 : l'astrologie et les sciences occultes.

(...) Tire des rayons le souffle, en aspirant de toute ta force, et tu verras que tu deviens léger et que tu franchis l'espace vers le haut, en sorte qu'il te semblera demeurer au sein de l'air. Tu n'entendras rien, ni homme ni animal, mais tu verras rien non plus, à cette heure, des choses mortelles de la terre, tu ne verras que de l'immortel. Car tu verras la divine position des astres de ce jour et de cette heure-là, les dieux qui président à ce jour, les uns montant vers le ciel, les autres redescendant".

Il serait certes bien difficile de prétendre égaler la beauté, à la fois grandiose et précise, d'un tel témoignage ! Peut-être le mieux serait-il au lieu d'en hasarder une paraphrase, de donner deux citations accolées d'un auteur - le célèbre mage britannique Aleister Crowley (1875 - 1947) - dont la réputation est hélas si fâcheuse et qui fut pourtant l'une des étoiles les plus fulgurantes qu'ait connu l'ésotérisme contemporain. Premier passage, qui jure comme un avertissement :

"... (existe) en l'homme le pouvoir magique authentique, capable de mal sans nom, et pourtant vital et nécessaire à son existence, d'ailleurs capable de rédemption et, une fois racheté, disposant en vue du bien du plus grand pouvoir possible[1]". Le tout serait donc de prendre le bon chemin, celui menant à l'illumination libératrice majeure, où la vision de l'infiniment grand et celle de l'infiniment petit tendront à se confondre : "Les distances des étoiles fixes sont si grandes qu'il nous semble voir un ordre différent d'existence. En fait, l'univers étoilé est en

---

[1] <u>Astrologie</u>, traduction française Saint-Jean-de-Braye, (Editions Dangles), p. 82

proportion à peine beaucoup plus grand que l'univers des bactéries[1]".

Mais nous laisserons encore à nouveau la parole à Carles et Granger :

"Selon un grand principe occulte, la matière est unique, celle-ci doit donc pouvoir revivre de nouveau, accréditant l'immortalité alchimique en une succession de changements et réincarnations ou bien en puisant ses ressources à même la vie[2]". A nouveau, nous retomberions sur le complet, le si total parallélisme analogique entre les étapes du grand œuvre minéral - débouchant sur un véritable salut thaumaturgique qui s'opérerait au sein de la matière, y faisant irradier la lumière dans les ténèbres - et celles de l'ascèse psychique intérieure vécue simultanément par l'alchimiste.

Dans les écrits attribués à Hermès Trismégiste, on trouve cette formule : "La parole de Dieu ébranla le monde et à mesure qu'il s'ébranlait, apparaissaient les innombrables manifestations de la forme".

Mais ce serait sans doute le lieu ici de rappeler le vers bien connu de Virgile[3] : Felix qui potuit rerum cognoscere causas," Heureux celui qui a pu pénétrer les causes secrètes des choses".

Donnons aussi une formule, très dense et frappante, empruntée au Sepher Yetzirah de la kabbale :

"La décade d'existence hors du néant à sa fin liée à son commencement et son commencement lié à sa fin exactement

---
[1] Ibid, p. 82.
[2] L'Alchimie..., p. 159.
[3] Géorgiques, II, 489

comme la flamme est liée au charbon ardent, parce que le Seigneur est Un et qu'il n'y en pas un second; et avant que veux-tu compter ?".

Voici aussi un superbe passage, dans lequel Jacob Boehme décrivait l'émerveillement suprême auquel aboutit l'illumination intérieure de la conscience :

"C'est cette eau dont parle le Christ, c'est elle qu'il voulait nous donner à boire, c'est l'eau de la vie éternelle et qui, coulant en nous, serait une source de la vie éternelle (Evangile de Jean, IV, 14).

Ce n'est pas l'eau extérieure du feu extérieur de la lumière; mais c'est l'eau intérieure, générée et produite par le feu divin, la lumière dont l'extérieur est l'image[1]". L'illumination cosmique atteinte par l'alchimiste se trouve fort bien décrite dans ce texte de l'Enchiridion physicae restitutae du président Jean d'Espagnet [2] : "Ceux qui auront pénétré dans les secrets de la nature, avoueront que cette nature seconde, servant à la première (Dieu), est l'Esprit de l'Univers, c'est-à-dire une vertu vivifiante et féconde de cette lumière qui fut dès le commencement".

Parmi les objets qui se trouvaient dans le légendaire tombeau d'Hermès Trimégiste[3], la plus sacré était - nous l'avions vu[4] - cette fameuse Table d'Emeraude, gravée (d'où son nom) sur une émeraude gigantesque et sur laquelle était

---

[1] Traité De Electione gratiae ("De l'Election de la grâce").
[2] Magistrat bordelais, l'un des plus grands alchimistes français du règne de Louis XIII.
[3] Rappelons que l'épithète Trismégiste, "le trois-fois grand", se réfère à la maîtrise des secrets des trois mondes : terrestre, sublunaire, céleste - ou encore : infernal, terrestre, paradisiaque;
[4] Supra, au chapitre II.

enclos, en un texte pourtant si bref, le secret de l'apparition du monde, celui de son existence et de sa signification, en même temps qu'une clef fondamentale du grand œuvre - sur tous les plans.

On trouve dans un traité alchimique réputé entre tous, L'entrée ouverte au Palais fermé du roi du Philalèthe ce passage qui semblerait d'abord plutôt déroutant :

"... Le sage s'en réjouira mais le feu en fera peu de cas et il ne s'instruira pas dans la sagesse, quand bien même il aurait vu le Pôle Central tourné vers le dehors et marqué du signe reconnaissable du Tout-Puissant. Ils ont la tête si dure qu'ils verraient des prodiges et des miracles sans pour autant abandonner leurs faux raisonnements et entrer dans le droit chemin[1]".

Comment tenter de l'élucider ? Ça et là dans la littérature alchimique, on parle des cieux qui s'ouvrent. C'est définir une vision cosmique soudaine, brusque, mais surgissant après une très longue série d'exercices. Tout d'un coup, les choses vues sembleront littéralement s'inverser devant le regard. L'adepte aura l'impression d'une force hallucinante, que c'est maintenant la surface terrestre qui occupe la périphérie, en lieu et place de la voûte céleste. Au centre, le soleil, la lune, les étoiles, les galaxies - tout l'ensemble de l'infiniment grand, mais qui n'est pas du tout infini, se trouverait occuper alors le centre de ce fantastique "trou" subitement ouvert dans la perception du réel astronomique. C'est en voyant brusquement cette vision

---

[1] Edition de la "Bibliotheca hermetica" (Retz) p. 31.

paradoxale des cieux qui s'ouvrent lui survenir brusquement - cela lui adviendra tout d'un coup dans la rue - qu'un Américain, l'ancien coiffeur Cyrus Teed, fondera en Floride son mouvement du Pilier de Feu, à l'enseignement paradoxal. N'enseignera-t-il pas - et cette théorie aura ultérieurement une influence en l'Allemagne nazie[1] - que l'univers est radicalement différent, par sa structure réelle de ce que nous croyons voir ? En réalité la surface terrestre - qui est concave et non convexe - occupe la périphérie d'une sphère inversée[2] ; au-delà le roc s'étend à l'infini. Au centre se trouvent le soleil, la lune, les étoiles (infiniment plus proches que nous l'estimons, et minuscules en fait) bref, tout l'univers astronomique, réduit donc à de bien minces proportions[3].

Même avant que vint l'accaparement de sa doctrine par certains théoriciens nazis (faveur qui ne sera qu'éphémère), on s'était déchainé contre la cosmologie de Teed, estimée le comble de l'absurde. Mais, à notre avis, cela vaudrait la peine de rééditer (avec traduction française) le livre de Cyrus Teed : La révélation de Koresh. Sa lecture attentive montrerait qu'indéniablement cet américain avait de fort remarquables connaissances d'alchimie traditionnelle, et révèlerait qu'il ne s'agissait pas d'un savoir

---

[1] On verra même, en pleine guerre mondiale, Hitler mobiliser les quelques radars disponibles pour tenter de vérifier la théorie. Les résultats ayant été négatifs, le Führer retournera à la cosmologie glaciaire d'Horbiger - et l'aviateur allemand converti à la doctrine de Teed terminera ses jours dans un camp de concentration.

[2] On penserait, en cette branche étrange des mathématiques qu'est la topologie, au retournement de la sphère.

[3] Voir tout spécialement l'extraordinaire troisième partie du Matin des magiciens de Louis Pauwels et Jacques Bergier

purement livresque glané çà et là : il avait bel et bien eu un maître qualifié.

Pour ce qui concerne la doctrine plus courante de la Terre creuse : celle suivant laquelle l'écorce terrestre ne serait (proportionnellement à l'ensemble de la sphère) qu'une mince pellicule, elle se retrouverait incontestablement dans l'ancienne tradition alchimique. Les héros du Voyage au centre de la Terre de Jules Verne n'entreprennent-ils pas leur fantastique périple sur les traces d'un adepte islandais, Arne Sakhnussem ? Dans cette perspective - qui sera reprise par l'auteur américain Edgar Rice Burroughs dans une série de romans dont le premier s'intitule Pellucidar [1], tout l'intérieur de notre planète se trouve occupé par une immense cavité, au centre de laquelle est un soleil en miniature, toujours rigoureusement immobile[2].

Il est vrai que, pour en revenir à Jules Verne, il faut aussi tenir compte, pour pleinement élucider le récit du voyage au centre de la Terre, de sa dimension symbolique : l'accomplissement d'un voyage initiatique[3].

En matière d'illumination cosmique, il existe une page célèbre : celle, dans les Pensées, où Blaise Pascal décrivait son hallucinante vision des deux infinis, de grandeur et de petitesse. Vision prodigieuse d'un monde constitué, comment dire, d'emboîtements à l'infini : si on atteint le niveau ultime des

---

[1] Traduit en français sous le titre Caspak, monde oublié.
[2] Raymond Bernard (auteur canadien, à ne pas confondre avec Raymond Bernard, de l'Ordre de la Rose-Croix Amorc), La Terre creuse (Albin Michel, collection "Les chemins de l'impossible", 1971.
[3] Simone Vierne, Jules Verne et le roman initiatique (Hachette).

composantes corpusculaires de notre Terre, on arrivera à des systèmes planétaires. La même vision - Pascal ne le dit certes pas, mais elle irait de soi - pourrait se diriger en sens inverse : en considérant notre système solaire comme un monde microscopique; et ceci indéfiniment, en remontant la série des mondes de l'infiniment grand. Ne retrouverait-on pas l'analogie traditionnelle - si bien connue de l'ésotérisme alchimique avant d'avoir été redécouverte par la science moderne - entre l'infiniment grand et l'infiniment petit ?

Mais il demeurerait toujours aussi, dans la vision alchimique, une composante à ne pas perdre de vue : l'existence d'une chute originelle. Donnons la parole à Guy Béatrice :

"... le fleuve qui, sortant du Jardin d'Eden, se divise en quatre branches et arrose le Paradis, ce Paradis qui est bien, au vrai, le Rideau séparant le monde d'après la chute de celui d'avant, modalité même de ce Feu de la Lumière; que se passe-t-il donc au-delà de la Lumière manifestée, au-delà du mur de la Lumière qui pourrait bien être en fait le mur des Temps[1]".

Pour en revenir aux travaux proprement dits du grand œuvre minéral, il est une affirmation qui revient volontiers : celle suivant laquelle, lorsqu'il réalise les travaux du grand œuvre minéral, l'alchimiste contemple un modèle réduit, animé, du monde. Il verra donc se reproduire dans la matière première les phases successives de l'organisation du chaos primordial (les eaux de la genèse) par la Lumière divine.

---

[1] Des Mages alchimistes à Nostradamus (Guy Trédaniel, 1982) p. 33-34.

Dans la cornue ou le creuset, l'alchimiste contemplera, en miniature, les phénomènes qui se déroulent à grande échelle. C'est ainsi qu'Eugène Canseliet nous apprend comment il avait vu, en même temps que se déroulait dans le ciel terrestre une éclipse de lune, celle-ci se reproduire - en miniature, et en complet synchronisme avec le phénomène en grandeur - sous son regard émerveillé.

Qui plus est, tout se passe comme si s'instaurait une sorte d'interaction possible entre les phénomènes sublunaires et le travail de l'adepte. Canseliet estimait ainsi que la grande aurore boréale vue en 1938 - phénomène bien rare à nos latitudes - dans le ciel parisien avait été une conséquence imprévue de son travail à l'athanor.

Il n'y a pas que le début (les six jours de la genèse) du processus cosmogonique qui se trouvera reproduite en modèle réduit animé, devant le regard de l'alchimiste contemplant les transformations successives de la matière première dans la cornue ou le creuset. Il pourra voir aussi, mais en anticipation cette fois, l'inéluctable fin du cycle terrestre, le sort final destiné à fondre sur l'humanité actuelle. C'est vraiment l'ensemble du cycle terrestre que dévoile la révélation alchimique la plus concrète qui soit : dans la cornue ou le creuset. Eugène Canseliet avait décrypté ainsi, en suivant la clef donnée par son maître Fulcanelli, l'un des mystérieux graffiti tracés sur la muraille de leur cachot (dans la tour du Coudray) par des templiers longuement emprisonnés au château de Chinon[1]. Ce diagramme,

---

[1] E. Canseliet, Deux logis alchimiques (2ème édition, 1980, Jean-Jacques Pauvert éditeur).

consistant en un cercle tracé aux trois quarts et partagé par une croix[1], s'interpréterait ainsi :

"L'un (des quatre quartiers du cycle) figure l'âge d'or, l'autre l'âge d'argent. L'âge d'airain comprend les deux autres parties, la première moitié étant écoulée, la deuxième à venir. la destination secrète de cette horloge est de donner le moyen d'ouvrir la porte préservant le sens anogogique des cinq livres du Nouveau Testament : les quatre Evangiles et l'Apocalypse. En un mot, celui qui sait faire fonctionner cette pendule à accès aux textes les plus ésotériques de notre histoire, qu'il peut traduire en langage clair et précis[2]".

Fulcanelli venait de déposer un troisième ouvrage chez son éditeur (Jean Schemit) lorsque, pris de scrupule - sans doute par crainte d'effrayer - il renonça tout d'un coup à sa publication, reprenant donc in extremis les feuillets. Ce livre devait traiter en détail de la fin du cycle terrestre. Il commençait par un long commentaire du macabre chef d'œuvre pictural (où l'on voit cadavre et ossements pourrissant au sépulcre) de Valdes Leal, qui sera reproduit sur la couverture de la première édition (1953) des Aspects de l'alchimie traditionnelle de René Alleau. Le titre de ce tableau espagnol fameux, Finis gloriae mundi ("Fin de la gloire du monde"), devait justement être le titre du troisième et dernier ouvrage de Fulcanelli. Mais celui-ci avait déjà remis à son disciple Canseliet, au cours des précédentes années, toute la documentation accumulée pour la rédaction du dit-ouvrage - si

---

[1] Un autre diagramme énigmatique, apanage d'une société secrète contemporaine, a été décrypté par Pierre Mariel (Dictionnaire des sociétés secrètes d'Occident (Grasset, 1971), article Horloge Aum.

[2] Carles et Granger, L'Alchimie..., p. 172-73.

bien que leur future publication[1] équivaudra sans doute pratiquement à révéler la teneur du livre.

Que se passera-t-il à la fin du présent cycle terrestre, dont nous approchons à grands pas ? Outre l'Apocalypse de Saint-Jean, il faudrait se reporter à d'autres écritures sacrées, comme le Livre de Baruch, où il annoncé noir sur blanc : "Car un feu viendra sur elle (Babylone - mais le prophète avait en vue le sort de notre terre entière à la fin du cycle) de la part de l'Eternel pour de nombreux jours - et elle sera habitée par des démons durant beaucoup de temps[2]".

Il est indéniable que le propre des prophéties de la fin des temps s'avère inévitablement de se montrer bien sinistre en ce qui concerne ceux-ci, dont l'échéance approche hélas. "Depuis longtemps déjà on a prédit de grands changements dans le monde, mais les signes qui l'annoncent aujourd'hui n'en indiquent que le commencement. L'opération n'est pas terminée; elle ne fait que commencer[3]".

Parmi les auteurs modernes ayant traité du grand cataclysme destiné à se déchaîner à la fin du présent cycle terrestre, il ne faudrait pas omettre de citer Jules Verne. Quelques mois avant sa mort, il rédigeait sa toute dernière œuvre, véritable testament en fait, une longue nouvelle intitulée L'éternel Adam - qui paraîtra quelques mois après son décès. Le thème,

---

[1] Jean Laplace, Documents pour servir à l'étude de la fin du monde, à paraître aux Editions Suger (Paris).
[2] IV, 35.
[3] Hervé Masson, Les prophéties de Paracelse (Paris, Editions Jean-Cyrille Godefroy, 1982), p. 45

impressionnant dans sa concision[1], est le suivant : chaque fois que la civilisation humaine parvient à son apogée natérielle, il se produit un grand cataclysme; c'est alors (l'axe des pôles bascule) un nouveau déluge universel. Il y aura certes une poignée de survivants; mais au bout de deux ou trois générations, tout l'héritage scientifique et technique se trouvera oublié, si bien que l'humanité sera donc obligée de recommencer le nouveau cycle à l'état primitif, préhistorique.

Fulcanelli était pourtant, en ce qui le concerne, persuadé qu'outre la poignée de survivants retombant rapidement par leur descendance proche, à l'état barbare, il y en aurait une autre, bien plus limitée encore, formée au contraire par une élite réfugiée à temps dans un lieu épargné duquel, une fois le cataclysme depuis longtemps passé, ils reviendraient comme "dieux et déesses" civilisateurs. Où se situerait ce lieu de refuge des adeptes ? Sur terre, dans une région épargnée par le grand cataclysme[2] ? A l'intérieur de la Terre ?...

Mais, pour terminer ce dernier chapitre, nous avons pensé que le mieux serait sans doute de reproduire ces paroles sacrées prononcées pour Bacbuc, prêtresse du temple de la <u>dive bouteille</u> - symbole qui, par delà son sens bacchique familier, désigne en

---

[1] L'ouvrage est écrit d'un seul jet, sans la moindre de ces nombreuses digressions instructives qui proliféraient dans ses œuvres majeures (Jules Verne suivant sans doute en ce sens le souhait de son éditeur J. Hetzel), et qui étaient dans la ligne "pour la jeunesse" de ce <u>best seller</u> scolaire que sera le <u>Tour de la France par deux enfants</u> de "G. Bruno" (Madame A. Fouillée) et des nombreuses œuvres de la même veine.

[2] Certains y verraient la région au Québec, terre du massif huronien, les "plus vieilles montagnes de la Terre" - qui furent toujours épargnées par les submersions et effondrements géologiques successifs.

fait la "liqueur philosophique" - à Pantagruel et ses compagnons qui étaient venus consulter l'oracle. Elle vient de leur remettre trois outres, remplies d'une eau merveilleuse : celle issant d'une fontaine aux sept côtés[1]. Mais voici ses paroles :

- "Allez, amis, en protection de cette sphère intellectuelle, de laquelle en tous lieux est le centre et n'a en lieu aucune circonférence, que nous appelons Dieu : et, venus en votre monde, portez témoignage que sous terre sont les grands trésors et choses admirables[2]".

On ne saurait mieux prendre congé...

---

[1] Décrite avec précision au chapitre XIII. N'est-ce pas la fontaine de jouvence des alchimistes ?
[2] François Rabelais, Cinquième Livre.

POUR CONCLURE...

Nous venons d'effectuer un curieux mais exemplaire voyage en zig-zag, ami lecteur, à travers les prodiges et merveilles de l'alchimie traditionnelle - en mettant un accent particulier sur l'objectif le plus fabuleux et fascinant qui se puisse imaginer : remporter victoire pleine et définitive sur la maladie, sur le vieillissement et sur la mort. Qu'en penser en fin de compte?

Sous la gravure - si fréquemment reproduite[1] - montrant le portrait du "Comte de Saint-Germain, célèbre alchimiste[2]", on trouve quelques vers, dont celui-ci : <u>S'il n'est pas dieu lui-même un dieu puissant l'inspire</u>. On n'aura pas manqué de remarquer cette absence de majuscule : il ne s'agit donc pas de Dieu (l'Eternel, l'Absolu) mais d'<u>un</u> <u>dieu</u>. Qu'en conclure ?

Chacun connaît le grand symbole bouddhiste de la <u>roue des naissances et renaissances</u>. Or parmi les conditions terrestres - tout le cycle des manifestations possibles - appelées à connaître les êtres, l'état supérieur s'y trouve constitué par la condition de <u>dieux</u> (et déesses aussi, mais cela est sous-entendu).

Que procurerait donc notre immortalité alchimique ?

---

[1] On la trouve, par exemple en frontispice au livre classique de Paul Chacornac (Editions traditionnelles).

[2] La gravure fut faite d'après une peinture, qui se trouve maintenant dans une collection privée : on en trouvera la photographie dans l'ouvrage de Pierre Ceria et François Ethuin sur <u>L'énigme du Comte de Saint-Germain</u> (Albin Michel, collection "Les chemins de l'impossible", 1969).

L'accès à cette condition divine, permettant de goûter les joies paradisiaques, de se jouer fabuleusement de toutes les limitations d'espace et de temps. Mais alors que cette condition ne srait normalement pas permanente (bien que l'existence des dieux et déesses soit incomparablement longue par rapport aux critères terrestres courants), qu'il surgira immanquablement au bout du rouleau l'infernale nécessité de recommencer tout le cycle, l'immortalité alchimique, elle, propulserait son bénéficiaire à ce niveau - mais <u>ad perpetuum</u>.

Immortel l'adepte le serait, le demeurerait - <u>ad perpetuum</u>, sans désormais pouvoir quitter son état. Tout serait, pour lui fixé définitivement. Souvenons-nous de cette figuration apparemment paradoxale que nous observions[1] sur une stèle du cimetière du Père-Lachaise : le symbole alchimique de l'unité de la matière (l'<u>ouroboros</u> qui se mord la queue) enserrant le Triangle divin lui-même. On ne saurait mieux dire qu'une fois atteinte, cette immortalité se trouverait permanente, définitive, vraiment sans fin. Rien ne pourrait prévaloir contre elle, y mettre éventuellement fin.

Oui, l'adepte serait <u>devenu un dieu</u> - pour l'éternité, à jamais...

❊ ❊ ❊

---

[1] <u>Supra</u>, chapitre III.

BIBLIOGRAPHIE

René Alleau, Aspects de l'alchimie traditionnelle (Editions de Minuit) article Alchimie dans l'Encyclopaedia Universalis,

Robert Ambelain, Dans l'ombre des cathédrales (Adyar).

Jacques d'Ares, Encyclopédie de l'ésotérisme (6 volumes - "Atlantis" - 30, rue de la Marseillaise - 94300 Vincennes) Atorène, Le laboratoire alchimique (Guy Trédaniel).

Armand Barbault (Rhumelius), L'élixir de longue vie (Niclaus).
L'or du millième matin (Publications premières - réédition: J'ai lu, collection "L'Aventure mystérieuse").

Gaston Bachelard, Psychanalyse du Feu (Gallimard).

Séverin Batfroi, Alchimie et révélation chrétienne (Guy Trédaniel).

Jean-Pierre Bayard, La symbolique du Feu (Flammarion; réédition : Payot) - Le monde souterrain (Flammarion) - Le symbolisme du caducée (Dangles)

Guy Béatrice, Des mages alchimistes à Nostradamus (Guy Tredaniel) - Sainte-Anne d'alchimie (id) - Le vaisseau du salut et l'or des alchimistes (id).

Marcelin Berthelot, Les origines de l'alchimie (Steinheil) - Collection des anciens alchimistes grecs, 3 volumes (id).

John Blofeld, Taoïsme : la quête de l'immmortalité (Dangles).

Titus Burckhardt, Alchimie, traduction française (Milan, Editions Arché).

Eugène Canseliet, Alchimie (Jean-Jacques Pauvert) - L'Alchimie et son Livre muet (id) - Deux logis alchimiques (nouvelle édition, chez Pauvert).
Jacques Carles et Michel Granger, L'alchimie superscience extra- terrestre ? (Albin Michel, collection "Les chemins de l'impossible").

Roger Caro, Concordances alchimiques (Saint-Cyr-sur-Mer) - Tout le grand œuvre photographié en couleurs (id).

Paul Chacornac, Le comte Saint-Germain (Editions traditionnelles).

Michel Coquet, L'anatomie occulte de l'homme (Dervy-Livres).

Betty J.T. Dobbs, Les fondements de l'alchimie de Newton ou "La chasse au lion vert", traduction française (Guy Trédaniel).

Carl-Martin Edsman, Ignis divinus : le Feu comme moyen de rajeunissement et d'immortalité (Upsal, Editions Gleerup).

Mircea Eliade, Forgerons et alchimistes (Flammarion) Le yoga, immortalité et liberté (Payot) - Images et symboles (Gallimard).

Philippe Encausse, Sciences occultes - Papus : sa vie, son œuvre (réédition : Editions traditionnelles).

Julius Evola, Métaphysique du sexe (Payot) - La tradition hermétique (Editions traditionnelles) - Le yoga tantriques (Fayard).

Louis Figuier, L'alchimie et les alchimistes (Hachette; réédition partielle chez Denoël, "Bibliotheca Hermetica").

Elie-Charles Flamand, Erotique de l'alchimie (Pierre Belfond).

Juan Garcia Font, Histoire de l'alchimie en Espagne, traduction française (Dervy-Livre).

Fulcanelli, Le mystère des cathédrales (réédition chez Jean-Jacques Pauvert) - Les demeures philosophales 2 tomes (id).
Renée-Paule Guillot, Le sens magique et alchimique du Kalevala (Dervy-Livres).

Marc Haven, Le Maître inconnu : Cagliostro (réédition : Editions traditionnelles).

Bernard Heuvelmans, <u>Le secret des Parques</u>, 3 vol. (L'Arche).

Ferdinand Hoefer, <u>Histoire de la chimie</u> (Firmin-Didot).

E.J. Holmyard, <u>Alchimie</u>, édition française (Arthaud).

Bernard Husson, <u>Deux traités d'alchimie du 19ème siècle</u> (Omnium littéraire) - <u>Transmutations alchimiques</u> (J'ai lu, collection "L'Aventure mystérieuse").

Serge Hutin, L'<u>alchimie</u> (Presses Universitaires de France, collection "Que sais-je ?") - <u>Tous les secrets sont en nous</u> (Dervy-Livres) - <u>Histoire de l'alchimie</u> (Marabout, collection "Marabout / Université") - <u>La tradition alchimique</u> (Dangles) - <u>La vie quotidienne des alchimistes au moyen-âge</u> (Hachette) - L'immortalité magique (Marabout, collection "Univers secrets").

Carl-Gustav Yung, <u>Psychologie et alchimie</u>, traduction française (Buchet-Chastel et Corrêa).

Kamala-Jnana, <u>Dictionnaire de philosophie alchimique</u> (Argentière, Editions Charlet).

Giuliano Kremmerz, <u>Introduction à la science hermétique</u>, Traduction française (Axis Mundi, diffusion Dervy-Livres) roman traduit du russe (Gallimard).

Jean Laplace, <u>Index Canseliet</u> (Paris, Editions Suger).

Hubert Larcher, Le sang peut-il vaincre la mort ? (Gallimard).

Christopher Mc Intosh, La Rose-Croix dévoilée, traduction française (Dervy-livres).

Pierre Mariel, Dictionnaire des sociétés secrètes d'Occident (Grasset).

Henri Maspero, Le Taoïsme, (Musée Guinet, Bibliothèque de vulgarisation).

Hervé Masson, Dictionnaire initiatique (Pierre Belfond; réédition : Jean-Cyrille Godefroy).

Aldo Mieli, La science arabe et son rôle dans l'évolution scientifique mondiale réimpression (Leyde, E.J. Brill).

Walter Pagel, Paracelse, traduction française (Arthaud).

Louis Pauwels et Jacques Bergier, Le Matin des magiciens (Gallimard - ou au Livre de Poche).

Andrée Petibon, L'alchimie mystique au seuil de l'ère du Verseau examinée à la lumière du Tarot (Guy Trédaniel).

Albert Poisson, Théories et symboles des alchimistes (Chacornac).

Frédérci Portal, Des couleurs symboliques (rééditions : Niclaus, puis Guy Trédaniel).

John Read, De l'alchimie à la chimie (Fayard).

François Bibadeau Dumas, Histoire de la magie (Les Productions de Paris) - Casgliostro (Arthaud) - Cagliostro, homme de lumière (Les Editions philosophiques).

Jean Richer, Aspects ésotériques de l'œuvre littéraire : de Jonathan Swift à André Breton (Dervy-Livres).

Patrick Rivière, "Alchimie et spagyrie". Du grand-œuvre à la médecine de Paracelse (Spagy-Nature, B.P. n°4 - 82220 Molières).

Jacques Sadoul, Le trésor des alchimistes (publications Premières; réédition : J'ai lu, collection "L'Aventure mystérieuse").
Symboles secrets des Rosicruciens des 17è et 18è sièces. Villeneuve Saint-Georges, Editions rosicruciennes. Tempête chymique - Face à l'atnanor aujourd'hui. Cahiers d'alchimie publiés par la Librairie "La Légende Dorée" (22, boulevard Etienne Clémentel - 63200 Riom).

Jacques Trescases, La symbolique de la mort ou hermémentique de la Résurrection (Guy Tredaniel).

Jacques Van Lennep, Art et alchimie (Bruxelles, Meddens); réédité sous le titre Alchimie : contribution à l'histoire de l'art alchimique (Dervy-livres).

Gérard Van Rinberk, Le Tarot : histoire, iconographie, écotérisme (réédition : Guy Trédaniel).

Gabriel de La Varenne, Une demeure alchimique : le château de Chastenay (Editions du Rocher).

Frances A. Yates, Giordano Bruno et la tradition hermétique (Dervy-livres) - La philosophie occulte à l'époque élizabéthaine (id).

Claude d'Ygé, Anthologie de la poésie hermétique (réédition : Dervy-livres) - Nouvelles assemblée des philosophes chymiques (id.)

Jean Zafiropulo et Catherine Monod, Sensorium Dei (Belles-Lettres).

TABLE DES MATIERES

- <u>INTRODUCTION</u>   5

- <u>CHAPITRE I</u> : BUTS DE L'ALCHIMIE   7
  - La transmutation des métaux   7
  - Déroulement du grand œuvre   26
  - Autres prodiges matériels   43
  - Le laboratoire et l'Oratoire   48
  - Une technique de l'immortalité   51

- <u>CHAPITRE II</u> : JALONS, AVATARS ET DESTINS DE L'ALCHIMIE   53
  - Personnages, espoirs, traditions   53
  - Les alchimistes cotemporains   59
  - Prodigieuses origines   68
  - Développement historique de l'alchimie   75
  - Le secret alchimique   78
  - La grande angoisse   80

- <u>CHAPITRE III</u> : LE SECRET DE L'IMMORTALITE   83
  - La Pierre philosophale   83
  - Applications médicales de l'Alchimie   85
  - Le rajeunissement corporel et l'immortalité   90
  - Créer la vie : l'homunculus   146

- <u>CHAPITRE IV</u> : LA GNOSE ALCHIMIQUE   151
  - Arcanes de la philophie hermétique   151

Le travail de l'oratoire	155
La grande illumination cosmique	163

- **POUR CONCLURE**…   177
- **BIBLIOGRAPHIE**   179

CET OUVRAGE A ÉTÉ REPRODUIT
ET ACHEVÉ D'IMPRIMER SUR ROTO-PAGE
PAR L'IMPRIMERIE FLOCH À MAYENNE
EN MARS 1991

N° d'impression : 30536.
Dépôt légal : mars 1991.
(Imprimé en France)